VERDADES QUE O TEMPO NÃO APAGA

Lúcia Helena
01/06/2012

FUNDAÇÃO ABRINQ RECONHECE EMPRESA AMIGA DA CRIANÇA

Somos associados da Fundação Abrinq pelos direitos da criança.
Nossos fornecedores uniram-se a nós e não utilizam mão-de-obra infantil ou trabalho irregular de adolescentes.

Verdades Que o Tempo Não Apaga

1-8-08-15.000

Direção editorial: **Flávio Machado**
Assistente editorial: **Dirce Yukie Yamamoto**
Chefe de arte: **Marcio da Silva Barreto**
Capa (criação): **Flávio Machado**
Imagens da capa: **Raman Maisei e Showface / Dreamstime.com**
Diagramação: **Ricardo Brito**
Revisão: **Maria Aiko Nishijima e Luiz Chamadoira**
Fotolito da capa e impressão: SERMOGRAF – Artes Gráficas e Editora Ltda.

Dados Internacionais de Catalogação na Publicação (CIP)
(Câmara Brasileira do Livro, SP, Brasil)

Ferdinando (Espírito).
Verdades que o tempo não apaga / romance dos Espíritos Ferdinando, Tiago e Bernard ; psicografado pela médium Gilvanize Balbino Pereira. – São Paulo : Petit, 2008.

ISBN 978-85-7253-168-9

1. Espiritismo 2. Psicografia 3. Romance espírita I. Tiago. II. Bernard. III. Pereira, Gilvanize Balbino, IV. Título.

08-05346 CDD: 133.93

Índices para catálogo sistemático:

1. Romances espíritas psicografados : Espiritismo 133.93

Impresso no Brasil, no inverno de 2008.

Prezado leitor(a),

Caso encontre neste livro alguma parte que acredita que vai interessar ou mesmo ajudar outras pessoas e decida distribuí-la por meio da internet ou outro meio, nunca deixe de mencionar a fonte, pois assim estará preservando os direitos do autor e conseqüentemente contribuindo para uma ótima divulgação do livro.

VERDADES QUE O TEMPO NÃO APAGA

Romance dos Espíritos

Ferdinando, Tiago e Bernard

Psicografado pela médium

Gilvanize Balbino Pereira

petit editora

Rua Atuaí, 383/389 – Vila Esperança/Penha
CEP 03646-000 – São Paulo – SP
Fone: (0xx11) 2684-6000

Endereço para correspondência:
Caixa Postal 67545 – Ag. Almeida Lima
03102-970 – São Paulo – SP

www.petit.com.br | petit@petit.com.br

"Veritas evidens non probanda..."

FERDINANDO

"A verdade evidente não precisa de prova..."

Agradecimentos

Agradeço a Jesus as belas lições que aprendi com o tempo e por encontrar nas estradas de nossa vida pessoas maravilhosas que me ensinaram a olhar para trás, valorizar o presente e voltar a ter esperanças no futuro.

Por isso, dedico a página que segue à minha verdadeira família espiritual, a alguém muito querido que me lembrou que o Velho Testamento também é um belo manancial de sabedoria e autoconhecimento e aos meus ternos amigos, *aqueles* que sempre confiaram em mim, que permaneceram ao meu lado e me ajudaram a valorizar a essência de Deus que há em meu coração.

Com carinho e gratidão,

Gilvanize Balbino Pereira

Tempo e Duração

(ECLESIASTES, 3: 1-8)

Há um momento para tudo e um tempo para todo
propósito debaixo do céu.
Tempo de nascer e tempo para morrer;
tempo de plantar e tempo de arrancar a planta.
Tempo de matar e tempo de curar;
tempo de destruir e tempo de construir.
Tempo de chorar e tempo de rir;
tempo de gemer e tempo de bailar.
Tempo de atirar pedras e tempo de recolher pedras;
tempo de abraçar e tempo de se separar.
Tempo de buscar e tempo de perder;
tempo de guardar e tempo de jogar fora.
Tempo de rasgar e tempo de costurar;
tempo de calar e tempo de falar.
Tempo de amar e tempo de odiar;
tempo de guerra e tempo de paz.

Sumário

PARTE 2

Sumário dos textos apócrifos

PARTE 1

PARTE 2

Introdução

De acordo com evidências históricas, foi durante o 5º Concilio de Constantinopla, realizado em 553 d.C., em Istambul, na Turquia, que a reencarnação foi declarada herética – doutrina contrária à fé cristã – pela Igreja Romana. Segundo Procópio, historiador da corte de Justiniano (483–565 d.C.), a esposa do imperador o influenciava em suas decisões políticas e religiosas. Filha de um guardador de ursos do anfiteatro de Bizâncio, renegava o seu passado. Com a intenção de eliminar a desonra de ter sido uma cortesã, Teodora não hesitou em ordenar a morte daquelas que, com ela, vivenciaram a mesma condição. Sentindo-se incomodada diante da idéia de reencarnar – o que, no seu caso, a obrigaria a sofrer conseqüências terríveis por cometer um crime hediondo –, usou de sua influência para que se abolisse dos preceitos religiosos a pluralidade das existências.

No ano de 543 d.C., movido por essa influência, alheio ao clero, Justiniano defrontou-se as proposições de Orígines

(185–235 d.C.), teólogo e estudioso das Escrituras, teórico do Cristianismo, e condenou a crença da pré-existência da alma e a conseqüência das ações de outras existências no presente, registrada pelo estudioso nas obras *De Principiis* e *Contra Celsum*. Durante o quinto dos Concílios, organizado por Justiniano em parceria com aqueles que se submeteram à sua autoridade, o imperador alcançou seu intento: a preexistência da alma foi eliminada por decreto dos postulados da Igreja.

"Todo aquele que ensinar esta fantástica preexistência da alma e sua monstruosa renovação será condenado", firmou o Concílio, à revelia daquelas vozes que foram silenciadas pelo poder da força.

Séculos depois, o cardeal Nicolau de Cusa, diante do papa Eugênio 4º (1431–1447), defendeu a pluralidade das existência e dos mundos. O sumo pontífice concordou com a exposição, mas, mais uma vez os interesses da Igreja falaram mais alto e a verdade permaneceu oculta.

Em 1543, diante do avanço do Protestantismo, a Igreja Católica impôs a censura aos livros contrários aos seus postulados. Restaurada pelo papa Paulo 2º, a Inquisição perseguiu e puniu os seus contraditores, ao mesmo tempo que se propôs a manter viva a fé na Igreja.

Dirigida por seis cardeais do Santo Ofício, a Igreja instituiu um tribunal central e delegou plena autoridade a inquisidores espalhados por vários países. O *Index Librorum Prohibitorum* [Índice de Livros Proibidos] foi criado em 1559, com a finalidade de coibir a leitura que atentava "contra a fé e a moral". Os livros aprovados pelo clero recebiam o *Imprimatur* (Imprima-se), assinalado na abertura da publicação, autorizando sua impressão e distribuição. Entre muitas obras de valor condenadas pela Igreja encontram-se escritos de caráter científico, cujo único impedimento era a religião dos autores, adeptos do Protestantismo...

Neste livro, que descreve a cruel perseguição causada pelo fanatismo religioso, destacam-se passagens dos *Evangelhos* apócrifos – expressão que no idioma grego significa ocultos –, que ressaltam a reencarnação e pluralidade dos mundos. Aos leitores que nos acompanham, desejamos compartilhar a alegria de resgatar *Verdades que o tempo não apaga.*

Os Editores

Parte 1

"...Quem tem ouvidos, compreenda.
No íntimo de um homem de luz há luz,
e ela ilumina o mundo todo.
Se não ilumina, há trevas..."[1]

Evangelho apócrifo: Copta de Tomé – Item 24

"Enquanto há tempo, busque a libertação das filosofias complexas, das ciências céticas e das religiões inquisitoriais, pois Jesus já concedeu, através da sua vinda misericordiosa, a união da filosofia, da ciência e da religião para que as mentes pudessem se libertar da ignorância e da incompreensão de Deus."

Ferdinando

Capítulo 1

Entre lembranças do passado e a realidade do presente

Naquele inesquecível ano de 1553, a Espanha permanecia imbatível e implacável em suas severas leis. A coroa e a Igreja estavam tão diretamente vinculadas que se confundia o limite da força do clero com a própria política, chegando a parecer uma única instituição.

Em uma grande troca de favores e benefícios, os reis fortificavam o poder da Igreja e a utilizava como meio de silenciar um povo humilde e ignorante. Por outro lado, o poder papal usava cada vez mais de sua autoridade e expandia medo, terror e sofrimento por toda a Península Ibérica, por intermédio de uma religião repleta de dogmas, complexidades e preconceitos e, conseqüentemente, levando a uma impiedosa caça aos hereges.

Mesmo sofrendo as ordens inquisitoriais, países como Itália, Portugal e França haviam desenvolvido seus próprios meios para frear a expansão de outras crenças.

Iniciava-se, então, um período de grande censura.

Espalhava-se pela Europa uma fase ensandecida em busca da chamada "hegemonia religiosa". A Igreja Católica – visando impedir a disseminação de idéias perturbadoras às ordens papais e as manifestações de livros hostis ao catolicismo, além de também calar o Protestantismo – havia criado em 1543 a "Congregação do Index".[2]

Ao longo do tempo, essa instituição foi se modificando, se estruturando e ganhando força. Com os novos e revisados éditos que nasciam ditando leis e executando as ordens das bulas papais, mais tarde, criaram e mantinham atualizado o "*Index Librorum Prohibitorum*" – "Índice de Livros Proibidos" objetivando impedir as publicações de obras classificadas como heréticas.

Nesse intervalo de tempo, até a publicação oficial do primeiro "*Index*", em 1559, "pequenas listas" restritivas eram utilizadas por ordem da Igreja, mas possuíam grande força de silêncio.

Os inquisidores munidos, também, desse instrumento legal, utilizavam essas "listas" como forma de disciplina e de imposição de regras aos livreiros, impressores, mercadores e proprietários de bibliotecas. Até mesmo para os escritores lhes fora revogada a autorização do acesso às leituras consideradas profanas e demoníacas.

Entre outras atrocidades inquisitoriais, o "Índice de Livros Proibidos" causava grande insatisfação na parcela instruída da sociedade.

Um ano antes desse fato, no ano de 1558, a Espanha instituiu a pena de morte para aqueles que importassem livros estrangeiros sem as devidas permissões, assim como para aqueles que os imprimissem sem autorização oficial. Entre muitas obras que foram banidas encontravam-se aquelas de cunho científico e filosófico, por terem sido redigidas por protestantes ou por aqueles que eram contra o regime religioso e político daquela época.

Todavia, o inevitável acontecia. Despertava, em muitos lugares, mais fortemente na região da França e da Catalunha[3], em Barcelona, um grande reduto de rebeldes que ousavam contradizer os senhorios e o poder católico. Eram eles: pensadores, professores, escritores, filósofos, médicos e, até mesmo, padres e freis que, mesmo fazendo parte da estrutura religiosa, não aceitavam as demonstrações de violência que atingiam o povo humilde e ignorante.

Alguns homens e mulheres buscavam, de maneira muito modesta e firme, a defesa dos conceitos sobre a imortalidade, a ruptura com o credo de penas eternas, a pluralidade das existências, o direito de recuperar os textos retirados das escrituras sagradas pelos éditos e concílios, as idéias reencarnacionistas, a preexistência da alma e, sobretudo, o direito de outras religiosidades se manifestarem, preservando seus idiomas e suas culturas, além da desmistificação de rituais, denúncias sobre os excessos e abusos da Igreja.

Nesse cenário social, político e religioso na Espanha, em Barcelona, um grupo de homens seguia suas vidas entre lembranças do passado e a realidade do presente.

Fazia parte desse grupo um talentoso e renomado médico, chamado Filipe[4], que aparentava jovialidade, apesar de a madureza e os anos marcarem sua vida. Uma expressão séria e moderada era ressaltada por sua tez alva, rosto fino, olhos negros e cabelos levemente grisalhos.

Sofreu muitas perdas e trabalhou intensamente, após a morte de seu pai Esteban[5], assumindo, com muito empenho, as responsabilidades no trato dos enfermos sem ousar manifestar sequer uma palavra de reclamação, e ainda se dedicava às novas e revolucionárias idéias cristãs.

Seu primo Yasir, também médico, permanecia fiel ao seu lado. Homem de estatura baixa e forte, rosto arredondado e avermelhado e tez suavemente dourada; tinha alguns traços mouros delineados por seus olhos castanhos, ressaltados pela feição sorridente e pelas madeixas grisalhas.

Ainda dividindo o mesmo teto, um francês radicado em Barcelona, conhecido e respeitado pelo nome de Bernard[6] que, naquela oportunidade, apresentava os sintomas de uma enfermidade que massacrava suas articulações, fazendo seus dias serem sofridos e suas noites mais prolongadas.

Entretanto, o equilíbrio desses homens estava nas mãos de Catarina, esposa de Yasir. Mulher forte e destemida que, mesmo enfrentando as dificuldades naturais da vida, não omitia o brilho do azul de seus olhos e sua beleza simples que atribuía grandeza à sua alma.

Naquele fim de tarde primaveril, o azul do céu e o verde das relvas ressaltavam o colorido das flores que perfumavam aquelas paisagens espanholas pitorescas e silenciosas, permitindo dividir seu encanto com os personagens desse cenário que se encontravam envolvidos por intensa paz, como se as marcas de seus passados fossem somente lembranças que não retornam mais.

Na residência dos médicos, Filipe em silêncio terminava o preparo de uma mistura de ervas, enquanto Pablo, um jovem de aproximadamente catorze anos, aprontava-se para partir, auxiliado pela bondade de Laila, sua mãe, uma mulher humilde marcada por uma vida difícil e limitada, e de seu pai, Ramirez, um aldeão camponês que sobrevivia das poucas plantações de suas terras e dos ofícios como calceteiro.

Após conversar durante alguns instantes, Filipe entregou o remédio ao homem e disse:

– Meu caro, seu filho ficará bem. Não se preocupe.

Nesse ínterim, Yasir e Bernard juntamente com Catarina adentraram o recinto. Ela, sorrindo, entregou para Laila alguns pães. Observando-a, Ramirez, interveio:

– Tanto eu quanto minha esposa queremos agradecer o que fizeram por nós. – Secando a lágrima, prosseguiu:

– Há pouco, viemos do Sul e compramos umas terras nas proximidades daqui. Todavia, não contávamos com a enfermidade que abateu nosso Pablo. Sou um homem pobre e não disponho de posses para pagar seus préstimos, assim como a bondade com que fomos acolhidos.

– Meu bom homem – disse Filipe –, nada nos deve.

– Quando ele adoeceu – disse Laila –, não sabíamos a quem procurar. Acreditávamos que alguém nos ajudaria, mesmo sabendo que não possuímos recurso algum. Então nos aconselharam a buscar esta casa, pois achavam que aqui encontraríamos apoio.

Ramirez, vencendo a timidez, interveio:

– Também soube que aqui há uma escola. Creiam, não quero que meu filho tenha a mesma sorte que eu. Desejo que tenha a instrução que não tive. Será que ele poderia aprender aqui com vocês? Assim, além de estudar, ele poderá me ajudar em meu trabalho.

– Meu caro, ficaremos muito felizes se Pablo se juntar a nós – respondeu Bernard.

– Acreditem, seremos eternamente gratos – disse Ramirez.

Entre despedidas emocionadas e agradecidas, o casal e seu filho partiram.

Enquanto aquela família se perdia lentamente na estrada, na varanda, Filipe permanecia sério, com o olhar perdido no horizonte. Percebendo a passageira tristeza do primo, Yasir abraçou-o e disse:

– Aproximadamente três anos seguiram céleres desde a morte de meu tio Esteban. Desde então, eu e Catarina nos preocupamos com você, pois trabalha sem ter sequer um descanso.

Suspirando prosseguiu:

– Sei o que sente. Afinal, ele foi para nós a fonte de equilíbrio, paz e fé. – Segurando-lhe os braços, continuou:

– Confesso-lhe que desde a sua morte não havia visto tanta tristeza em você. Seu semblante insiste em esconder o que você é: um homem forte, justo e brando.

– Não estou triste, mas sim saudoso. Desde que despertei, inexplicavelmente, não consigo desvencilhar meus pensamentos de meu pai. Cheguei a sentir seu perfume próximo de mim e confesso que meus dias sem ele parecem sempre um inverno sem fim.

Suspirando e com um olhar contemplativo, Filipe continuou:

– Posso ser forte porque luto para não sucumbir em mim mesmo, posso ser justo porque minha fé me guia, mas não me julguem brando, pois meu pai era o único que serenava minha alma selvagem. Então, para não despertar a revolta de um espírito[7] guerreiro, prefiro o trabalho para me esquecer do passado. Sem ele, sinto-me igual a um tigre preso, pronto para lutar.

– Não seja tão severo consigo. Conheço suas histórias e compartilho das idéias de seu primo a seu respeito – disse Bernard.

– De fato, Esteban foi e será sempre um grande homem, um irmão que guardo nas minhas melhores recordações. Não foi tão difícil amá-lo, mas é impossível esquecê-lo.

– Meu amigo – interveio Filipe pondo delicadamente a mão direita no ombro de Bernard –, se não fosse o conhecimento sobre as existências pretéritas que experimentamos outrora, diria que estou ensandecido. Hoje sei que não sou um soldado, mas há noites em que desperto com lembranças que, tampouco teria sabedoria suficiente para compreendê-las, mas sei que são tão verdadeiras quanto eu mesmo. Considero-me muito hábil com as espadas, vejo minhas mãos marcadas pelo sangue das guerras e, sobretudo, ouso dizer que de alguma maneira sinto-me com profundo conhecimento das estratégias das artes militares. – Suspirando prosseguiu:

– Também me vejo como um grande líder, um general guiando tropas, avançando fronteiras e, até mesmo, estabelecendo leis. – Após breve pausa continuou:

– Em meio a tanta luta vejo alguém que não consigo identificar, mas sei que muito amei. Seria insanidade, sonhos ou lembranças de meu passado?

– Mesmo atravessando – disse Bernard – os portais de divergentes vidas não podemos nos esquecer de que todo conhecimento que acumulamos em cada existência jamais será preterido. Deus, em sua plena sabedoria, preserva-nos não permitindo que conheçamos temporariamente nosso passado por completo, deixando somente pequenas lembranças retornarem a cada existência ou pelos sonhos, visando melhorarmos nossas tendências para o mal e iluminar nossas trevas íntimas com amor e instrução. Todavia, tudo o que fomos e o que somos, após o cerrar de nossos olhos para a vida na matéria, recuperamos na lucidez de nossa individualidade, de nosso todo. Assim sendo, libertamo-nos das algemas de uma única vida, marcada por pequenas recordações para ver tudo o que há em nós sem restrições.

– Espero – interveio Filipe – somente estar cumprindo tudo aquilo por que me responsabilizei, mesmo tendo a consciência de minhas limitações.

– Saiba – disse Bernard – que o que fazemos de nossa vida passada e até da presente ecoa na eternidade! Somos o resultado de tudo o que fizemos em outras existências. Tudo aquilo que aprendemos ao longo de nossas histórias e vidas não será desprezado; servirá de apoio para o nosso próprio crescimento. Podemos viver muitas existências, mas em espírito somos os mesmos e cabe a nós progredirmos sempre buscando nos libertar de nossas imperfeições. Infelizmente, nosso cérebro não pode comportar todas as lembranças que guardamos de nosso passado. A cada vida nos é reservado um limite de conhecimento de cada uma delas, ou seja, de nosso todo e somente ao Senhor é reservado o romper desse limite.

– Então, por que essas lembranças voltaram tão fortes para mim? – perguntou Filipe visivelmente preocupado. – Entre elas, vejo pessoas que tanto amei, mas que se perdem em meio a egoísmos e até em sangue. Deus! O que elas representam?

Abaixando a cabeça, prosseguiu:

– Então, quando desperto, sinto-me solitário e dominado por uma grande tristeza.

– Não nos preocupemos em saber o motivo dessas lembranças terem sido liberadas para você – respondeu Bernard. – De alguma maneira, Jesus espera algo de você, como talvez sempre tenha lhe confiado alguma tarefa especial. Aguardemos o amanhã, pois somente assim poderemos guiar nossos passos nas estradas que nos foram designadas pelos Céus.

Após breve pausa, continuou:

– Volvemos porque o primado da vida chama-se recomeçar, e o Deus em que acreditamos sempre nos oferece refúgio para nossa alma em constantes transformações. Não se prenda ao passado, hoje podemos modificar e melhorar o que somos, pois o que fomos serve somente como lições aprendidas ou não, mas saiba que o futuro é uma construção que cabe individualmente a nós. Mesmo experimentando tantas adversidades, caminhando por estradas sinuosas e sombrias, ainda é possível sermos melhores do que somos ou até mesmo do que seremos. "Mas o fruto do espírito é amor, gozo, paz, firmeza de ânimo, bondade, fé, mansidão, temperança".[8]

– Meus queridos – disse Catarina tentando romper a tristeza temporária –, todos nós estamos sob grande emoção. Não se esqueçam de que há poucos dias fomos arrebatados pelas inesperadas mortes de Hadi e Josué[9], em virtude da epidemia que surgiu nestas paragens. Amigos eternos que compartilharam conosco nossa vida dedicando seus dias a todos que lhes suplicavam amparo. Rogo a Jesus que estejam ao lado de nossos ancestrais. – Sorrindo prosseguiu:

– Nestes últimos anos, entre muitas provações, aprendi a enfrentar a morte como se ela fosse somente uma breve despedida que não impede de encontrarmos, no futuro, nossos amores.

– Apesar da saudade de nossos amigos e do aumento de trabalho, devemos deixar as tristezas longe de nossa vida – disse Yasir com animação e acrescentou:

– Tem razão, após conhecermos os conceitos da continuidade da vida, trago paz em meu coração. Para mim, a morte nada mais é do que um renascer em um mundo diferente tão distante e tão próximo ao mesmo tempo.

Naquele momento, Bernard, demonstrando forte palidez, tossiu sucessivas vezes. Filipe preocupado disse:

– Meu amigo, as primeiras estrelas anunciam a chegada da noite e o vento dita-nos suas leis. Excessos constituem riscos para a sua saúde. Portanto, é melhor nos recolhermos antes que piore.

A brisa noturna embalava aqueles filhos de Deus, que, cheios de esperanças, guardavam suas lembranças no coração, esperando a chegada de um novo dia.

Capítulo 2

Vidas que se reencontram, o início de um novo caminho

Certa noite, uma carruagem simples parou diante da residência dos médicos em busca de notícias de Bernard.

Um jovem francês de tez clara, estatura alta, rosto fino, delineado por seus cabelos e olhos negros, desceu.

Imediatamente Yasir foi recepcioná-lo e, após breve identificação, observou que no interior da carruagem sua irmã padecia em febre.

Sem perda de tempo ou receios, o médico pediu que a conduzisse ao interior. Com carinho e força, repousou-a em seus braços como quem segura um pássaro enfraquecido que, no silêncio, busca coragem para manter-se vivo.

Acomodada em leito humilde, Catarina, prestativa, colocou-se à disposição para oferecer cuidados e um pouco de descanso necessário à jovem.

Enquanto isso, Yasir e o jovem encaminharam-se até o salão principal. Bernard, que estava com Filipe, ao vê-lo disse:

– Ora, ora se não é o filho de meu velho amigo Jacques, o famoso livreiro francês. Antoine, o menino franzino, transformou-se em homem feito.

Sem esconder a felicidade prosseguiu:

– Onde está sua irmã que, ao certo, deve estar mais bela? Vamos, diga-me, o que faz aqui?

Após as calorosas saudações, prosseguiu:

– Cecile está comigo e foi acomodada com extrema dedicação por esses corações desconhecidos que para mim parecem tão íntimos. – Secando a lágrima tímida, continuou:

– Nossa viagem foi difícil. Ela adoeceu e por todos os dias, entre as limitações às quais estivemos submetidos, roguei forças ao Senhor para conseguir chegar aqui.

Bernard, percebendo a tristeza de Antoine, disse:

– Meu jovem, onde está Jacques? O que aconteceu com ele?

– Infelizmente, nossos dias não têm sido de paz. Nosso pai foi preso e sentenciado pelos inquisidores franceses à morte, em razão de distribuir os chamados "livros proibidos". Nossa casa foi destruída e todos os livros queimados. Padecemos severa privação.

– O que disse? – perguntou Bernard com espanto e tristeza. – Qual o motivo para essa perseguição?

– Certa feita – prosseguiu Antoine –, hospedamos em nossa casa um amigo de meu pai, um egípcio, um homem que ele conheceu há muito tempo. Ele trouxe para o "*grande livreiro*" alguns papiros contendo textos sobre a vida de Jesus e relatou que comprou nas cercanias do Delta por pouco dinheiro. Nosso pai, maravilhado, descobriu que eram textos cristãos inéditos e que poderiam ser classificados como apócrifos. Ele partiu e os confiou a nós. Logo meu pai traduziu o que conseguiu e nos orientou para distribuí-los. Mas fomos delatados. Antes de sua prisão, pediu a mim e a Cecile que viéssemos à sua procura, pois ele, não sabemos como, soube que você estava nestas paragens. Disse-nos que junto de você encontraríamos ajuda.

Refazendo-se da forte emoção, Antoine continuou: – Além do mais, solicitou-nos que lhe entregasse esta carta e esse pacote.

Bernard solicitou a Filipe que abrisse o embrulho enquanto lia aquelas páginas em voz alta:

"*Caro amigo Bernard.*

Quando esta chegar às suas mãos, meu verbo já terá sido calado pela morte e pela fúria irracional dos religiosos.

Venho, na condição de pai, lhe suplicar que acolha meus filhos. Preocupo-me com ambos. Eles possuem muito conhecimento, isso os fazem mais audaciosos e talvez presas fáceis aos ignorantes insanos.

Lembro-me do dia em que eu e minha esposa viajamos para as terras dos califas no Marrocos para negociarmos alguns livros. Lá deparamos com aquela meiga criança, uma pequenina odalisca desamparada, que chegou até nós pelos caminhos da privação. Quando acreditávamos não poder ter filhos, o Senhor trouxe-nos esse presente. Não tardou para que a amássemos como uma filha e com toda a força de nosso coração porque ela sempre foi especial e, também, nosso equilíbrio. Voltamos para a França e chamamos nossa menina de Cecile.

Tempo depois, nasceu Antoine, mas para a dor de todos, minha esposa não suportou a difícil missão de trazê-lo ao mundo e morreu. Perdoe-me a emoção destas recordações, pois bem sei que conhece nossas histórias.

Cecile, sem jamais reclamar, assumiu as responsabilidades de nossa residência, cuidando de mim e de Antoine com bondade. Ofereci-lhe a instrução, estudou outras línguas e sempre me auxiliou na profissão que exerci ao longo de minha vida. Renunciou às suas primaveras juvenis e hoje não é mais a pequenina que sentava em meu colo, é uma mulher feita.

Mesmo tendo insistido para que se casasse, ela permaneceu ao nosso lado. Rogou-me que não lhe arranjasse um marido, porque queria ela encontrar o amor pelos caminhos de seu próprio coração. Confesso-lhe que cheguei a acreditar que eram coisas da cabeça de uma mulher e que logo passaria. Culpo-me, por vezes, por sua solidão, pois a fiz pensar demais. Apesar de ser uma atitude incomum para uma mulher e ela sofrer as conseqüências de sua escolha, decidi então respeitá-la.

Antoine esqueceu-se de si mesmo e sei que ele tem muito de mim. Fui o responsável por sua paixão pelos livros e por causa dessa paixão se transformou em um soldado pronto para enfrentar uma guerra para salvar as letras. Os ideais em que tanto acreditei são, agora, dele. Dentro de suas possibilidades, suplico que serene sua alma afoita e lhe ensine a lutar com a razão, disseminando inteligência, cultivando sabedoria, sem jamais se ausentar da fé que nos faz raciocinar e crescer em direção aos céus.

Como amigo, amante dos livros e da liberdade de expressão, entrego-lhe essas preciosidades literárias para que seja o seu guardião, fazendo-as chegar às mãos dos homens, acendendo a luz na mente de todos.

Morro pelo amor que tenho à obra de Deus e sei que com você minha morte não terá sido em vão. Todavia, não me julgues herói devido à minha atitude, pois tenho consciência de que minha contribuição a Jesus Cristo é pequena, mas não posso prescindir dessa luta pela liberdade e pela fé racional que há tanto foi arrancada de todos nós.

Conheci você pelos seus escritos e, sobretudo, pelo ilustre pensador que é. Desde então somos grandes amigos. Ao seu lado pude alargar meus pensamentos e aprender que ninguém pode escravizar nossa mente ou nosso coração. Enquanto as páginas brancas em suas mãos se transformavam, como por magia, em obras de arte desenhadas pelas tintas da sabedoria, do equilíbrio e da verdade, pude distribuí-las em longínquas paragens como se os livros pudessem voar com o vento, vencendo fronteiras e chegando a quem tanto necessita deles.

Rogo-lhe que não permita que a insensatez e o preconceito façam morrer estes textos e que a ignorância cale a fé livre. Há uma parte que não pude traduzir, mas sei que é conhecedor das línguas antigas e saberá o que tem que fazer.

Antes de encerrar esta carta, quero que saiba que minha adorada Cecile também é detentora de um "dom" especial que você saberá apreciar com o tempo. Desde pequena dizia-me que via os mortos e que eles conversavam com ela. Entre muitos, havia especialmente um homem que ela insistia em dizer que era seu professor e lhe ensinava tudo sobre tais "manifestações".

Não tardei em buscar auxílio nas igrejas, mas as sentenças religiosas obrigavam a pequena criança a longas penitências que nada a auxiliavam naquilo que acreditavam que poderia trazer-lhe a cura. Foi então que me interessei pela cultura da Índia e do Egito que me auxiliaram a entendê-la. Acredite, com a ajuda dela consegui chegar aonde cheguei nestas traduções. Portanto, não permita que o medo do desconhecido e as alucinações religiosas a detenham de se comunicar com o oculto, pois ela poderá muito o ajudar.

Despeço-me.

Do sempre amigo e irmão de ideal, Jacques."

Bernard rapidamente examinou os textos[10] e não escondia a tristeza mesclada de felicidade, espanto e emoção que se revelavam visivelmente em seus olhos:

– São revelações sobre a história cristã em seus primórdios! Estes textos resistiram ao tempo, seu conteúdo foi preservado. Vejam – disse extasiado –, são parte dos Evangelhos de João, Bartolomeu, Tomé, Maria de Magdala e aspectos da vida cotidiana de Jesus. Há outros autores desconhecidos escritos em línguas do norte da África, copta, da Mesopotâmia e da Babilônia. Alguns consigo reconhecer com facilidade como o hebraico e o grego, mas estas me parecem aramaico e outros acádio; creio que seja algo muito próximo do amorita.[11] Agora compreendo os fatos que relatou e as ocorrências que calaram seu pai. Logo pela manhã iniciarei as traduções e analisarei os demais textos.

– Quero que saiba que estarei à disposição para continuar a distribuição desses escritos – disse Antoine –, assim como dos seus, pois confesso que tomei conhecimento de tudo o que lhe dizia respeito que estava disponível. Sei que muito tenho a aprender com você. Além do mais, meu pai obrigou a mim e a Cecile aprender algumas línguas, inclusive a desta região, entre outras. Isso nos facilitará a adaptação. Ele dizia que o conhecimento de outras culturas, seus hábitos e suas formas de comunicação alargariam nossos pensamentos e nos auxiliaria na compreensão de nós mesmos.

Filipe, com seriedade, interveio:

– Meus amigos, teremos muito tempo para conversar. Por tradição, nossa família jamais se limitou aos vínculos consangüíneos. Sempre estivemos envolvidos pelas linhas do coração e estamos conscientes de que ninguém chega a este solar pelas estradas do acaso. Então, se Jesus os encaminhou até nós, mesmo não dispondo de muito, ficaremos muito felizes em acolher Antoine e sua irmã.

Olhando para Bernard, prosseguiu:

– Quanto a você, por ora não está em condições de abusar da saúde. Já se esforçou demais, é melhor descansar.

– Sempre bondoso... escutarei suas recomendações, mas logo iniciarei meu trabalho e verei Cecile.

Sorrindo brevemente, Bernard acrescentou:

– Os anos, com todo o seu peso, são agora meu inimigo, companheiros.

Antoine se comportava como se já estivesse habituado aos novos amigos.

Filipe, no salão principal, perdido em meio à manipulação de seus novos ungüentos, remédios e "melaços", foi subitamente interrompido por Yasir:

– Meu primo, perdoe-me a intromissão, mas necessito de você para auxiliar a jovem recém-chegada. Ainda não teve tempo para conhecê-la. Desde que aqui chegou tento abrandar-lhe os martírios. Sinto que ela piora em meio à tamanha fragilidade de seu corpo. Tudo o que eu conhecia, já apliquei, mas ela não reage. Além do mais, arde-me o peito ao ver o sofrimento de Antoine diante da dor da irmã. Tanto eu quanto Catarina não sabemos mais o que fazer.

Filipe não tardou e imediatamente encaminhou-se ao aposento. Ao chegar, de súbito foi surpreendido pela figura cândida daquela mulher esguia. Seu semblante abatido e cansado, mesclado pela inocência de uma criança e a maturidade sábia que lhe ressaltava o equilíbrio e até mesmo a paz, arrebatavam-lhe inexplicavelmente a alma.

Cecile, não tão mais jovem que o médico, demonstrava que a experiência não lhe era ausente, que também não foi capaz de sacar-lhe a beleza, mas sim de acrescentar-lhe perfeição à forma de uma escultura grega. Suas melenas negras molhadas pelos suores caíam sobre seus ombros, sua tez levemente dourada salientava seu rosto fino e os traços marroquinos, enquanto seus olhos grandes e expressivos acrescentavam brilho e força ao seu sofrimento.

Filipe permaneceu atônito como se por instantes pudesse ouvir somente o pulsar de seu coração que, subitamente, foi arrebatado pelo encanto de Cecile. Aproximando-se lentamente, sentia a cada passo que depararia com inexplicável, incontido e involuntário sentimento que serenamente lhe invadia o ser.

Nesse instante, em razão da febre alta, Cecile, delirando, provocava compaixão em todos.

Catarina, seguindo as recomendações do marido, substituía as compressas das suas frontes sofridas, tentando aliviar-lhe o sofrimento.

Filipe sentou-se ao lado da enferma e, segurando a lamparina, iluminou aquele rosto temporariamente desconhecido, mas, ao mesmo tempo, em seu íntimo, tão conhecido.

Refazendo-se das fortes emoções que invadiam seu coração, após examiná-la e encerrar os procedimentos médicos, percebendo que Cecile estava submetida à sorte de seu estado de saúde, surpreendeu a todos. Colocou-a em seus braços repousando-lhe a cabeça próximo ao coração. Embalando-a tal qual uma criança disse:

– Não tenha medo, não lhe farei mal algum. – Buscando no ar inspiração, orou: – "Senhor, confiando em vossa bondade e conscientes de nossas limitações diante de vossa grandiosidade, suplicamos por aqueles que sentem o peso para enfrentarem a difícil luta de vencer os infortúnios que nos afrontam a esperança. Nossa alma fatigada por erros tantos ainda sofre com as marcas de um passado distante. Dá-nos a vossa piedade e diante dela faça-nos fortalecidos para encontrarmos em Vós segurança suficiente para continuarmos adiante, rumando em direção precisa de nossa libertação.

"Rogamos sabedoria para que, diante do conhecimento de vosso amor e bondade, não desfaleçamos e assim possamos seguir um pouco mais, não pensando em nós, mas sendo útil quanto pudermos, servindo sem perguntar a quem e, sobretudo, vivendo o trabalho porque ele nos conforta e cura nossa alma frágil.

Neste momento, mesmo na condição de médico, sinto que meus conhecimentos são frágeis e sinto-me incapaz diante desta filha de Deus. Tenho consciência de que ela não chegou a este solar por meio das estradas do acaso. Se for a vossa vontade que ela permaneça viva, suplico-Vos sabedoria para poder ter em minhas mãos os instrumentos necessários para vencer esta batalha."

O médico permaneceu por alguns instantes segurando-a em seus braços. Em seguida, acomodou-a enquanto serenava como quem se libertava de forte e desconhecida opressão. Era como se aquela simples oração devolvesse-lhe ao semblante a calma e a candura que lhe eram características. Olhando para o primo, o médico disse:

– Pegue, por favor, o frasco que há pouco eu estava manipulando. Aquela mistura nos ajudará a conter a febre.

– Perdoe-me – disse Yasir –, mas você está sendo audacioso demais. Ainda está experimentando aquelas ervas e tampouco sabe sobre os resultados delas.

– Confie em mim. Meu pai sempre foi audacioso nas práticas médicas e por que não sermos agora para salvar a vida desta pobre mulher?

– Não sou médico, tampouco conheço os detalhes dessa profissão – disse Antoine. – Não sei do que se trata esse remédio, mas acredito que ele poderá curá-la. Neste momento, tudo o que fizermos por minha irmã será oportuno e, diante dessa desesperadora situação, nada perderemos.

Preocupado e mesmo contrariado, Yasir não ousou contradizer o primo e foi buscar o frasco. Ao chegar, Filipe imediatamente fez com que Cecile tomasse a amarga mistura.

Assim, ao longo daquela noite, Filipe e Antoine não saíram do lado da enferma, enquanto os demais foram buscar o descanso necessário para mais um dia que raiaria em breve.

Enquanto isso, no invisível, sem perceberem, algumas figuras meigas e radiantes, de Maria Alcântara, don Sancho e Esteban[12], entre outros, derramavam sobre aqueles corações uma luz azulada, fortificando a coragem para continuarem suas lutas particulares e, por vezes, difíceis.

Na manhã seguinte, a melhora de Cecile era aparente. Para a alegria de todos, ela despertou sem febre. Antoine, que não saiu um minuto de seu lado, disse emocionado:

– Está curada. Cheguei a acreditar que também a perderia.

Enquanto o jovem lhe relatava as últimas ocorrências, nesse ínterim Filipe aproximou-se trazendo nas mãos seu novo remédio.

Segurando a cabeça da enferma entre as mãos, ele auxiliou-a a beber a amarga mistura. Extasiada diante do médico, ela observava-o com extremo carinho. Seus olhos brilhantes não se desviavam de seus gestos e, por instantes, sentia-se como se somente o silêncio daquele momento pudesse responder aos sentimentos que lhe invadiam a alma. Vencendo a própria timidez, disse:

– Serei eternamente grata pelo que me está fazendo. – Colocando sua mão direita sobre a mão de Filipe prosseguiu:

– Quero retribuir com meu trabalho sua bondade. Sei que poderei ser útil.

Confuso e perdido em profundos pensamentos, ele acariciou-lhe voluntariamente a face com a mão direita e disse, fitando-a:

– Por Deus! Quando olho para você reconheço alguém de meu passado, mas não consigo explicar isso com a razão. Sinto-me como se já houvéssemos vivido este momento. – Alterando o rumo da conversa prosseguiu: – Perdoe-me, devo estar cansado e em razão disso não consigo controlar meus pensamentos, deixando que se ocupem com tolices. Ainda não está em condições de sair deste leito. Haverá muito tempo para nos ajudar, pois o que não falta aqui é trabalho.

Yasir, ao longe, convocou o primo para auxiliá-lo. Filipe despediu-se e seguiu para honrar seus compromissos. Enquanto isso, Antoine e Cecile permaneceram juntos conversando sobre os sonhos de uma nova vida.

Capítulo 3

Entre a insegurança, o medo e o amor

Passado um mês, Antoine auxiliava os homens enquanto a bela Cecile não saía do lado de Catarina, estabelecendo-se entre ambas uma sólida amizade.

Entretanto, o inevitável acontecia, Cecile se apaixonou por Filipe que, alheio a esse fato, mantinha-se sério e envolvido com seu trabalho.

Naquela noite, sozinha e pensativa na varanda, Cecile terminava uma costura quando seu irmão aproximou-se e sentou-se ao seu lado:

– Agradeço ao Senhor por termos chegado aqui. Sinto-me como se estivesse em família. Todos nos receberam muito bem. – Segurando o queixo da irmã, percebeu que as lágrimas timidamente lhe marcavam as faces e, alterando o rumo daquela conversa prosseguiu: – Há dias percebo uma certa tristeza em seus olhos, o que é incomum em você, pois sempre foi uma mulher alegre, forte e destemida. Todavia, desde que chegamos, parece que está distante. Entre nós jamais existiram segredos. Diga-me, o que a aflige?

– Nosso pai – interveio Cecile – nos ensinou tudo sobre os livros, batalhas, uma vida alicerçada no saber, mas infelizmente não teve tempo para nos direcionar para o amor. Sempre aguardei a chegada de alguém muito especial que tomaria meu coração. Infelizmente, o tempo passou depressa para mim e agora me sinto arrebatada por forte sentimento que me abate a alma.

– Minha amada irmã, então minhas suspeitas estavam certas. Percebi que Filipe representa algo muito especial.

– Ouvi muitas histórias sobre este solar. Especialmente aquelas que envolveram o coração de Filipe e quanto ele sofreu em razão desse passado. Sinto-me vencida e tenho consciência de que agora é tarde para amar. Não sou uma menina, tampouco ele é um menino. Receio atrapalhar seu trabalho com tolices sentimentais. Estou em conflito e não posso permitir que alguém saiba disso. Não sei mais o que fazer. Desde o instante em que meus olhos se cruzaram com os dele, sinto como se já houvéssemos vivido juntos um grande amor. – Segurando as mãos do irmão, Cecile prosseguiu: – Perdoe-me, mas preciso lhe relatar algo que muito me atormenta. Todas as noites o encontro em meus sonhos participando de outras vidas minhas. Quando estou concentrada em meus afazeres, mesmo estando acordada, vejo-me voltando a outras existências. Nesse instante, tenho claramente diante de mim a certeza de que Filipe é parte real de todas elas.

– Por alguma razão especial, está sendo demonstrado e confirmado a você um passado que não poderá ser desprezado. – Sorrindo carinhosamente, Antoine continuou: – Não compreendo por que temer esse amor!

– Além do mais, como aceitarão as manifestações que ocorrem comigo? – disse Cecile sem omitir as abundantes lágrimas que escorriam pelas faces. – Sinto-me diferente, e essa diferença me distancia desse amor. Por dias tento esconder as manifestações e não me comunicar com o oculto, mas sinto que não poderei mais contê-las. – Escondendo as faces entre as mãos, prosseguiu: – Não consigo mais viver aqui, então decidi partir.

– Como pude ser tão egoísta?! Sempre foi dedicada comigo e nem sequer lhe dei atenção ou me preocupei com você. – Deixando que a irmã repousasse a cabeça em seu ombro, Antoine continuou: – Perdoe-me por não ter percebido o seu sofrimento. Não devia colocar mais peso sobre os seus ombros em razão do que ocorre com você como "mediadora".[13] Isso não a faz tão diferente como acredita. Sabemos que as comunicações com o oculto não são um ato "sobrenatural". Não morremos e então, vivendo livres da matéria, os espíritos, por todos os tempos, se comunicaram com os homens. Quando a conhecemos verdadeiramente, nos defrontamos com alguém muito especial que não podemos deixar de amar. Tememos o desconhecido, mas quando detemos o conhecimento tudo permanece lúcido diante de nossos olhos. Sabe muito bem que fugir não evitará o seu envolvimento com o oculto. Juntos, estamos protegidos. – Secando-lhe a lágrima, Antoine prosseguiu: – Não se precipite. Além do mais, para onde iria?

– Pretendo voltar para França e procurarei nosso único tio, o viúvo Gérard. Por ora acredito que é o melhor a fazer.

Repousando a cabeça no ombro do irmão, assim permaneceram por mais alguns instantes, enquanto no coração de Cecile o medo e as dúvidas faziam morada.

Na manhã seguinte, na cavalariça, Filipe e Yasir separavam o feno enquanto trocavam algumas palavras.

– Meu primo – falou Yasir –, tanto eu como Catarina sempre achamos que você deveria se casar novamente. O fato de você ter sofrido crueldades no passado não quer dizer que você não mais possa ser feliz. Desde a morte de Nadia, sua esposa, jamais o vimos se aproximar de alguém. Você só vive para o trabalho. É um homem cheio de vida e ainda poderá receber o amor de alguma mulher. Além do mais, percebemos que a irmã de Antoine está interessada em você.

– Parece um menino falando sobre as fantasias do coração – interveio Filipe sorrindo, tentando disfarçar.

– Cecile não é uma criança, assim como você também não é mais. Quem sabe a maturidade de ambos possa ser o refúgio para um grande amor?

Interrompendo o trabalho após alguns instantes, disse Filipe, pensativo:

– Confesso-lhe que também não consigo conter o sentimento que me toma a alma. Quando olho para ela, sinto como se ela já houvesse habitado minha alma um dia e como se já tivéssemos vivido grandes histórias das quais, por mais que me esforce, nem sequer consigo recordar-me de uma só linha, mas sei que foram verdades às quais não posso me esquivar. É algo tão forte que mal consigo me conter.

– Não despreze a oportunidade que recebeu. – Yasir, sorrindo, prosseguiu: – Considere a possibilidade deste amor que está calado em seu peito sem se manifestar.

– Não sou mais um jovem cheio de sonhos, e o tempo avançou deixando-me somente recordações. Em matéria de amor, sempre seremos aqueles que cheios de dúvidas e medos temem experimentá-lo. – Alterando o rumo da conversa, Filipe concluiu: – Chega de tolices. O trabalho nos aguarda.

– Deixemos o amanhã falar por si. Você merece ser feliz e ainda há tempo para isso.

Dez dias depois, Filipe, Yasir e Antoine seguiram para um vilarejo próximo para atender alguns enfermos. Um surto epidêmico massacrava os trabalhadores humildes das terras de um nobre, que, desesperado, recorreu aos médicos para tentar fazer com que seus homens fossem curados, pois a colheita de milho se aproximava.

Entretanto, na residência dos médicos, havia um clima de tristeza e preocupação. Cecile havia decidido partir aproveitando a ausência dos homens. Bernard e Catarina tentavam inutilmente fazê-la mudar de idéia, mas ela, firme em seus propósitos, surpreendeu a todos com uma inesperada despedida.

Naquele entardecer, após a partida de Cecile, Filipe e os demais retornaram e foram recebidos por Catarina:

– Devem estar exaustos e famintos. Refresquem-se enquanto preparo algo reforçado para comerem.

Tempo depois, Filipe, Yasir e Antoine conversavam sobre assuntos do cotidiano com Bernard na varanda, colocando-o a par dos acontecimentos, quando Catarina se aproximou trazendo uma bandeja com vinho e pães.

– Onde está minha irmã? – perguntou o jovem francês. – Desde que chegamos não a vi.

– Ela partiu esta manhã – disse Catarina constrangida. – Fizemos tudo o que podíamos para impedi-la, mas ela afirmou que queria partir antes de vocês chegarem.

– Então ela cumpriu a promessa! – disse Antoine caminhando pelo recinto. – Retornou para a França em busca de nosso único tio, Gérard.

Após uma pequena agitação, Filipe levantou-se e disse:

– Trarei Cecile de volta. Se viajar agora, em breve a encontrarei.

Aproximando-se do médico, Antoine disse:

– Irei junto mesmo sabendo que ela não precisa mais de meus braços que dos seus. Peço-lhe somente que não vá buscá-la se não tem certeza do que quer, pois não suportarei vê-la sofrer. – Suspirando prosseguiu: – Além do mais, preocupo-me com você. Essas estradas não são confiáveis para um viajante solitário. Prepararei agora mesmo os cavalos para nossa partida.

Filipe, como de hábito, manteve-se em silêncio. Tempos depois, Antoine anunciou que os cavalos estavam prontos para a viagem. Catarina não escondia o contentamento com a atitude do primo, enquanto Yasir o apoiava feliz. Sem demora, vestiram seus casacos, ajustaram o chapéu e partiram.

Quando o Sol cansado buscava o abraço das colinas, Filipe e Antoine não escondiam a exaustão. Buscando breve descanso e alívio para seus cavalos, pararam em uma estalagem. Imediatamente, um homem de baixa estatura aproximou-se e Antoine solicitou-lhe algo para beber. Depois, o médico perguntou:

– Estamos procurando uma carruagem que conduz uma mulher para a França. Por acaso ela fez parada aqui?

– Sim, senhor. Partiu pouco antes de sua chegada.

Sem perda de tempo, após pagarem os préstimos, seguiram viagem. Os cavalos corriam obedecendo à ordem dos homens, quando avistaram seus objetivos.

Assustado o condutor acreditava que estava sendo vítima de algum marginal. Antoine, tentando facilitar a aproximação, disse:

– Senhor, viemos em paz. Por misericórdia pare a marcha. Procuramos a mulher que está levando.

O barulho das águas anunciava a proximidade de um rio onde os viajantes paravam para saciar a sede.

A carruagem parou, enquanto os homens se identificavam. Nesse ínterim, de súbito, Cecile visivelmente assustada, mas em posição de defesa com muita agilidade e intimidade segurava um punhal nas mãos tentando proteger-se. Ao deparar com Filipe, disse:

– Por Deus, o que fazem aqui?

– Viemos buscá la para que retorne conosco. – Segurando-lhe os braços prosseguiu: – Não permitirei jamais que se afaste de nós.

– Perdoe-me, mas não retornarei. Devo seguir meu caminho, mesmo que ele seja longe daqueles que tanto amo.

Com firmeza, o médico aproximou-a de seu peito e disse:

– Por fatos vinculados ao meu passado, acreditei que meu coração estava morto, assim como havia me fechado para os sentimentos, fazendo-me crer incapaz de amar. Até então, pensei que o que passei ou senti era amor. Estava equivocado. Amor verdadeiro é o que sinto por você. Por todos os dias de minha vida, clamei por luz, mas confesso que temia abandonar as sombras da solidão as quais tanto conheço.

"Aprendi a ser só e auto-superar-me, vivendo com todos e ao mesmo tempo sem ninguém. Desde sua chegada, toda vez que me volto para você, seus olhos fitam os meus e iluminam minha escuridão. – Após breve pausa, continuou: – Não me creia ensandecido, mesmo sem sequer tê-la em meus braços, um incontido e inexplicável medo de perdê-la invadia meu ser, como se o nosso amor um dia tivesse sido interrompido.

Amo-te, eis minha única certeza agora. É o anjo bendito que desanuviou minha alma, fazendo-me crer que é possível amar e receber o amor que tanto buscamos. Quando soube de sua partida senti que havia morrido, mas meu coração insistia em continuar a manter-me vivo. Hesitei em aceitar esse sentimento por preconceito e medo de mim mesmo. Rogo-lhe que não vá embora, pois sem você não conseguirei sequer suportar mais um só dia!"

– Meu amor – disse Cecile repousando a cabeça no peito do médico –, crê que minha partida também se reservava ao temor e ao egoísmo de imaginar que eu não possa viver o sentimento que habita minha alma. Não somos mais dois jovens cheios de sonhos, mas em nosso coração repousa um amor maduro que ninguém poderá tirar de nós. Compartilho dos seus pensamentos, sentimentos, dúvidas e impressões. Deixemos nossos temores e entreguemos nosso espírito a Jesus, pois não nos encontramos por acaso. O Senhor nos reserva algo e somente o tempo será capaz de nos trazer a compreensão do que o futuro nos reserva.

– Perdoe-me a intromissão – disse Antoine. – Confesso que estou exausto para seguir viagem. Sugiro retornarmos à estalagem próxima, para pernoitarmos e partiremos pela manhã.

Sem se opor, aceitaram a sugestão do amigo, enquanto Filipe e Cecile não escondiam a felicidade. Envolvidos por intenso amor, aguardariam a chegada de mais um novo dia.

Capítulo 4

O início das traduções

Bernard, vencendo a dificuldade imposta pela enfermidade que lhe massacrava os dias, empenhou-se nas traduções dos textos.

Naquela noite, o francês convocou a todos e disse:

– Meus amigos, vejam! Concluí as primeiras traduções de alguns papiros. Infelizmente, devido à ação do tempo, algumas partes se perderam. Mas aqui estão:

INSCRIÇÕES DE BARTOLOMEU[14] AO POVO DA ÍNDIA SOBRE A REENCARNAÇÃO

Então um homem chamado Nathanael, conhecido também como Bartolomeu que nasceu em Canaã, recebeu a missão de falar ao povo da Índia. Naquele dia, estava ele falando a um grupo de pessoas nas proximidades do Ganges que o ouvia relatar os feitos do Deus único, quando um homem chamado Amjad elevou-se e disse:

– Amjad: Nossas crenças sempre nos ensinaram que a morte não ocorre para o espírito, mas sim para o corpo. O que dizes sobre isso?

Bartolomeu: Um dia, diante do Senhor Jesus, indaguei sobre essa questão. Então, Ele cheio de inspiração e de graça respondeu-me:

Jesus: Em um lugar pacífico, nas cercanias de Samaria, vivia um pastor, um homem humilde que se consorciou com uma mulher. Passado algum tempo, nasceu o primogênito e trouxe muita alegria aos seus pais. Ele viveu somente três anos e após contrair grave enfermidade, adoeceu e morreu. A tristeza acercou-se do coração daquele casal. O pai havia sonhado para o filho a herança de suas terras, a divisão do trabalho no trato com as ovelhas e feliz matrimônio (...) A esposa inconsolável foi levada ao templo para buscar reconforto e ter notícias de seu filho. Ao chegar e após relatar sua história, a mulher perguntou:

– "'Senhor, para onde vamos após a morte? O que acontece com nosso espírito após o silenciar de nosso corpo?' O sacerdote (rabino) respondeu: 'Ressuscitaremos quando chegar o dia do Juízo Final. Também é desígnio de Deus que nossa alma aguarde no limbo para que passemos pela justiça do Juízo Final'. (...) O casal inconsolável saiu e retornou para seu lar. (...) Meu Pai, cheio de misericórdia, ordenou que um 'anjo' anunciasse ao homem que seu filho retornaria, não no mesmo ventre que um dia foi concebido, mas na condição de filho de sua filha, seu neto. Decorrido um ano da aparição do anjo do Senhor, a mulher plena de esperança concebeu uma menina.

Passados dezessete anos ela consorciou-se segundo os costumes e concebeu um menino. Então o avô segurou a pequena criança nos braços, ergueu-o aos céus e disse: 'Thalkamarimath'.[15] *Ontem ele foi meu filho que retornou à vida após sua morte, por meio da reencarnação*[16]*, na condição de meu neto, assim confirmando a promessa de que não morremos em espírito, mas continuamos vivos quando morremos e podemos volver se esse for um desígnio do Senhor ou uma necessidade de cada um de nós."*

Bartolomeu: Senhor, que devo fazer com essa informação?

Jesus: Ide, pois, sem medo do escárnio e anunciai a todos os povos, línguas e credos (...) por onde há de passar que não existe uma única vida e que é possível a reencarnação. Se o homem vivesse uma única vida, como meu Pai, que é bom e justo, poderia conceber nova oportunidade para que o homem pudesse se redimir de seus pecados? Ah, homem! Tanto desconhecem sobre a vida e morte (...). O corpo pertence à Terra mas o mesmo espírito ressurge da morte por intermédio de diversos ventres pois não estamos encarcerados em uma única família. Que Pai vendo as lágrimas de alguém repousarem sobre o túmulo dos seus, calaria impiedosamente ou os encaminharia às chamas dos infernos? Não o Pai que me enviou aqui. Para que o homem possa conquistar o Reino dos Céus, é necessário que limpe e purifique seu espírito. Sem o renascimento do espírito em diversas oportunidades não seria possível o progresso, o desenvolvimento e a transformação das trevas em luzes.

"Os homens cantarão salmos de louvores a Deus pela vida, mas chorarão a morte acreditando que ela representa o fim. Todavia,

a luz que habita o útero de uma mulher se chama vida e por ele resplandecem a habitação da volta dos espíritos filhos de meu Pai. Então aqueles que me seguem como discípulos não devem temer o futuro ou cultivar o medo de morrer em meu nome. Porque para todos vós será oferecida nova oportunidade de retornar à vida, mantendo seus espíritos únicos e carregando em si todo o aprendizado desta e outras vidas (...)."

Neste momento, uma forte dor nas mãos fez com que Bernard interrompesse a leitura. Preocupado, Filipe disse:

– Meu amigo, é melhor que repouse. Há dias que se dedica de forma incansável a estas traduções.

– Rogo que não me solicitem para parar, senão esta será minha verdadeira morte. Quando iniciei a leitura desses papiros, foi como se eu já soubesse o que estava escrito. E também sinto que esses textos não chegaram a nós por acaso.

Antoine, com empolgação juvenil, disse:

– Por Deus, você conseguiu! Meu pai havia dito que seria capaz desse feito. Agora precisamos distribuir isso ao mundo para que todos saibam que Jesus também ensinava sobre a unicidade do espírito e a reencarnação.

– Meu jovem – disse Yasir –, compreendo o seu ímpeto, mas devemos ser cautelosos. Há pouco você chegou a Barcelona. A coroa não está sendo nem um pouco complacente com estas paragens. O sangue dos homens desta região é guerreiro e não podemos nos esquecer de que qualquer manifestação religiosa contrária à ditada pela Igreja é severamente contida.

– Não podemos silenciar – interveio Antoine. – Devemos lutar pela transformação.

– Calma – disse Bernard –, oportunamente faremos o que temos de fazer. Agora, tenho de continuar meu trabalho.

À noite, Antoine, contrariado, não ousava manifestar-se, enquanto os demais buscavam o descanso necessário para mais um dia.

Capítulo 5

O retorno de Morilo Martins

Entre as linhas registradas na vida de Filipe, havia um personagem muito especial: seu filho Morilo Martins, que nasceu de sua breve união com uma mulher chamada Nadia que havia morrido tempos atrás.

O jovem viveu ao lado de sua mãe e de seu padrasto, um impiedoso homem chamado Victor Gonzalez[17] que muito marcou os corações desta história e que também morreu na mesma época que Nadia.

Carregando as marcas de um passado sem compaixão, devido a um ato hediondo do qual foi vítima, Morilo enfrentava corajosamente a deformidade de suas pernas, que não o impedia de caminhar apoiado em suas muletas, suas inseparáveis companheiras. Esse ato, conseqüentemente, reduziu-lhe a estatura do corpo magro e franzino.

Mesmo assim, não reclamava de sua difícil situação nem se lamentava. Apesar de ser apenas um jovem, as obrigações religiosas e as responsabilidades às quais estava submetido firmaram-lhe uma feição mais madura para sua idade.

Fazia algum tempo ele havia partido para Murcia para iniciar suas obrigações sacerdotais atendendo a uma convocação do Tribunal da "Santa" Inquisição daquela região.

Todavia, naquele entardecer, uma inesperada carruagem parou diante da residência dos médicos. O filho de Filipe retornava ao lar acompanhado pelo inseparável amigo Inarus.[18]

Yasir, ao recepcioná-los, abraçou-os calorosamente. Nesse ínterim, Antoine aproximou-se e saudou os recém-chegados e num breve diálogo despediu-se e partiu para atender a uma solicitação de Filipe para entregar um remédio na vila próxima.

Sem perda de tempo, encaminharam-se para o interior e imediatamente seguiram para os aposentos de Bernard, onde Filipe e Cecile a seu lado conversavam. Com respeito e discrição, Inarus cumprimentou a todos e permaneceu em silêncio. Morilo, após as saudações, disse:

– Ao certo, você Cecile, de quem Filipe falou-me nas cartas que trocamos. Conheci há pouco seu irmão Antoine e já ouso afirmar que trago dele boas impressões. – Olhando-a com admiração prosseguiu sorrindo: – Acredite, as páginas que me foram escritas não foram capazes de descrever os detalhes de sua beleza. É muito mais bela do que as palavras. Ouso afirmar que aqui ninguém chega por acaso; portanto, isso não ocorreria com você. Se está aqui é porque algo muito especial há de fazer junto de todos nós.

– Sou grata pela simpatia – Cecile espontaneamente abraçou-o. – É muito bondoso. Temia que não me aceitasse, mas agora meu coração tranqüiliza-se. Espero ser digna de sua confiança e amizade.

– Estamos felizes com seu inesperado regresso – disse Filipe. – Acreditávamos que permaneceria em Murcia e lá construiria uma carreira. Qual a razão de sua vinda para cá?

– Servir no Sul não era uma vontade minha, mas sim de Victor Gonzalez. – Acomodando-se em um assento próximo e colocando as muletas num canto, Morilo prosseguiu: – Não me julguem pelas minhas palavras, mas infelizmente os religiosos e os homens comuns com os quais deparei naquela estrutura eram corruptíveis e não confiáveis. Então, por discordar dos atos ilícitos e da utilização do nome de Jesus para benefícios próprios, os quais muito presenciei, decidi desligar-me definitivamente da Igreja e do prelado católico. Na condição de diácono, isso não foi tão difícil assim. Resolvi voltar para cá onde pretendo ensinar, como Bernard fazia.

– Diga-me – disse Catarina constrangida –, você encontrou nosso filho Diego[19]? Há muito não sabemos nenhuma notícia dele. Nem se lembra de nossa existência.

Morilo disfarçava e tentava não demonstrar quanto aquela pergunta o incomodava. Após breve silêncio, respondeu:

– Ele está bem. – Secando os suores Morilo prosseguiu: – Recebeu muito apoio de homens que pertencem àquela enfermiça estrutura religiosa, o que o transformou em alguém muito influente apesar da pouca idade. Está em grande e rápida ascensão. Hoje está ao lado de nomes muito poderosos do “Santo Ofício” do Sul.

– Meu caro – interveio Yasir –, percebo seu constrangimento ao falar-nos dele. Ouso afirmar que aqueles que o apóiam devem fazer parte do grupo que tanto repudias. Aquele ingrato não parece pertencer a esta família. Nem sequer parece nosso filho. Muito pedi a Deus perdão por esquecê-lo, no entanto, jamais desejei seu mal. Tinha esperança que tomasse o caminho da luz mas, segundo o que acabo de ouvir, ele deve fazer parte desse grupo de homens desprezíveis que usam o Cristo para si próprios.

– Não devemos julgar as atitudes daqueles que possuem uma mente e uma alma enfermiça – disse Bernard. – Um dia despertarão para a verdade e estarão convictos de suas escolhas, principalmente aquelas que envolvem os assuntos do Senhor. Infelizmente ainda estamos presos às aparências e muito queremos para nós. Confundimos nossa fé com desejos e barganhamos favores com Deus. Haverá o momento em que estaremos libertos e encontraremos nossos caminhos. Amaremos nossas aptidões e exerceremos com firmeza aquilo que nos foi confiado.

– Meu amigo – disse Morilo pensativo –, espero encontrar minha missão ao lado de todos vocês. Confio em que o Senhor reservou-me algo e sei que será para mim o melhor.

– Tenham a mesma estima uns pelos outros, sem pretensões de grandeza, mas sentindo-se solidários com os mais humildes: "não dêem ares de sábios".[20] – disse Bernard. – Enquanto permanecermos ambicionando as facilidades do mundo, entre ouro ou aparências, estaremos distantes do nosso propósito de vida. Aqui, nesta temporária passagem pela Terra, não há exaltação à inércia. Mas sim uma evocação ao equilíbrio. Não ouçam minhas palavras como se elas espelhassem a verdade. São reflexos das experiências desta vida apesar de já ter vivido muitas outras.

– Meu amado sobrinho e meu querido Inarus – interrompeu Catarina –, seu retorno anima o nosso coração. Agora que estão conosco, não faltará tempo para se inteirarem de todos os fatos que nos cercam. Para ora vamos, cuidarei de ambos. Devem estar exaustos da viagem.

Morilo e Inarus, com carinho, não ousaram contradizê-la e retiraram-se em busca de descanso.

A noite avançava silenciosamente. Morilo, com discrição, aproximou-se dos aposentos de Bernard. Ao vê-lo, ele disse:

– Meu jovem, não estou dormindo. Vem até mim. Vejo que se adaptou bem aos limites impostos ao seu corpo.

– Quando olho para trás, todos os dias agradeço ao Senhor mesmo tendo perdido muitas coisas. – Respirando, Morilo prosseguiu: – Aprendi a viver com minha condição limitada e nela encontrei tudo de que necessitava para continuar. Quando saí daqui para atender àquela solicitação de Murcia, levei um coração cheio de desejos de mudanças, apesar de estar consciente de que o Sul não era meu objetivo. Junto a você, alarguei um pouco mais meu saber, e as reuniões com os filósofos, os professores e aqueles que compartilhavam suas idéias fizeram-me mais resistente para a vida.

"Todavia, ao chegar lá, deparei com homens egoístas que estavam longe das intenções que o Senhor havia deixado para o

Cristianismo. Leis cruéis, insensatez e desvios alicerçam os rumos da Igreja. Encontrei cultos nocivos à mente humana, um Cristo severo e um Deus injusto e punitivo. Percebi, então, que não pertencia àquele meio, tampouco poderia fazer parte daquilo em que não creio, ainda mais tendo conhecido os seus pensamentos de igualdade, humanidade e justiça. Mas quando presenciei homens inocentes que acreditavam nesses conceitos morrerem injustamente, não pude me afastar da verdade, mas não fui ouvido."

– Você não parece aquele jovem que saiu daqui cheio de sonhos e ideais.

– Hoje não possuo mais um coração cheio de sonhos, mas sim de dura realidade. Entretanto, meus ideais, aqueles que firmei junto a você e a todos deste solar, ainda permanecem vivos. Não serei parte desse absurdo religioso. Acredito que, de alguma maneira, poderei lutar e contribuir para mudar essa situação. Somente há uma maneira para fazer isso: com instrução. Recordo-me muito de meu avô Esteban e da paz que ele semeava. Com essas lembranças sinto-me fortalecido para recomeçar junto daqueles que amo e não estarei ausente de minha fé. Entretanto, não posso afirmar que a tristeza não tenha tomado meu íntimo fazendo-me sentir incapaz diante de tamanha confusão e conflito religioso.

– Não permita que as atitudes alheias o afastem do Senhor – disse Bernard com carinho. – Mesmo que tenha aprendido a cair em si por intermédio de outros, não permita que a inércia se aproxime de seu coração. Mergulhe no trabalho, pois sei que um dia os filhos de Deus estarão prontos para ampliar seus conceitos religiosos e por meio de sua individualidade encontrarão Jesus Cristo vivo em sua alma, e as maiores verdades do Criador estarão dentro do seu coração. Não se detenha olhando para o passado – continuou Bernard –, concentre-se no presente e faça o que tem a fazer com o coração cheio de esperança. Fuja das tristezas sem valor que insistem em invadir sua alma. Lembre-se de que para cada dor o Senhor nos prepara um remédio precioso chamado tempo. Muitas vezes temos de silenciar diante das adversidades do mundo para refletirmos e reajustarmos nossas posturas. Todavia esse silêncio não significa inação, mas sim, estudo, trabalho constante e perdão. Não podemos exigir que todos compreendam Jesus com amplitude nos pensamentos e equilíbrio nos sentimentos. A transformação de todo o universo é responsabilidade de todos nós, mas isso ocorrerá com o apoio do tempo e, ao certo, esse tempo está sob os domínios de Deus.

Morilo, emocionado, ouviu as palavras do amigo como se elas calassem fundo em seu peito. Instante depois, alterando o rumo da conversa, disse:

– Vejo que continua trabalhando! O que faz agora?

Bernard, entusiasmado, não tardou a apresentar-lhe os textos. Morilo, visivelmente assustado, procedeu à leitura com a voz embargada:

ENCONTRO DE BARTOLOMEU COM MARIA MADALENA – A MORTE E O CREDO NAS PUNIÇÕES ETERNAS

Após a cruz ter silenciado o filho de Deus, também chamado Jesus, Bartolomeu, antes de partir em pregação, refugiou-se próximo a um rio em busca da solidão para orar.

Bartolomeu: Senhor, trago em meu coração o peso de meus pecados. Minha mente repousa no infortúnio quando olho para mim mesmo. Serei eu digno de receber tua misericórdia? Serei eu aquele que poderá permanecer ao teu lado? (...) Entre nós que te seguimos há discórdia e não consigo saber o que fazer. Talvez a morte fosse a minha libertação.

Próximo dali, uma mulher chamada Maria, natural da cidade de Magdala, abaixada enchia um cântaro de água e ouviu aquela prece. Aproximou-se do apóstolo e sem dizer sequer uma palavra lavou-lhe as mãos e deu-lhe de beber.

As lágrimas de Bartolomeu não lhe eram ausentes (...) Com carinho e bondade beijou-lhe a fronte e disse:

Bartolomeu: Sou um homem impuro, ignorante, confuso e cheio de pecados. Foste de todas as mulheres a mais amada pelo nosso Senhor Jesus. Foste também abençoada. Então dize-me o que te recordas Dele (...)

Emocionada, Maria começou a dizer:

Maria: Um dia perguntei a Jesus como seria após a morte.

E Ele respondeu:

Jesus: A morte foi criada por meu Pai, mesmo que provoque dor ou lágrimas. Todavia, ela pode ser mais impiedosa para aqueles que não souberam viver. Mesmo para os pecadores será respeitado o seu arbítrio em escolher entre o bem e o mal, sem imputar-lhes punições eternas. Tudo ocorre conforme a vontade de meu Pai. Caminho pelo mundo e experimento as dores da carne para crer na força da fé e da transformação que cada um pode realizar em si. O mal é semelhante à noite, no entanto sempre se entrega silenciosamente às luzes de um novo dia. Instrui-te sobre ti mesmo para compreender a grande compaixão de meu Pai.

"Aquele que possui condições de saber e ignora apaga a luz e vive nas trevas (...) Crê pois, a alma também necessita de novos corpos para receber a libertação e a indulgência de adentrar o Reino dos Céus. Somente haverá transformações dos espíritos, criados pelo Altíssimo, se eles experimentarem a volta em outros corpos, assim ele poderá restabelecer o equilíbrio de suas existências; reajustar os erros e descobrir, em novas oportunidades a maneira de encontrar a luz."

Maria: Seríamos punidos por nossas faltas?

E Ele respondeu:

Jesus: Antes, pois, de suplicar perdão ao meu Pai, oferecer-lhe oferendas, sacrificar os animais em seu nome ou louvar sua grandeza externamente, purifica-te internamente. A mudança de pensamento e de ações nos aproxima dos Céus e transforma o pecador em um homem de Deus. Se o coração é cheio de cólera e ressentimento não beije teu inimigo. Ora ao Senhor para que a cruz do sepulcro alheio não seja cravada em ti mesmo (...). Antes mesmo de buscar o perdão, perdoa a ti mesmo pelas faltas de teu passado e assim entenderás a verdade sobre as vidas (...).

– Por Deus!? – disse Morilo – São textos que a Igreja não reconhece. Há um grande movimento no meio religioso para conter a difusão de escritos como estes. Como chegaram a você?

– Por intermédio de um amigo francês, o pai de Antoine e Cecile. Há muitos anos fiz algumas obras que ele distribuiu por muitos lugares, mas infelizmente ele foi vítima das atrocidades por parte dos religiosos e foi morto. Então ele me confiou estes escritos.

– O que fará com eles? Não chegaram a você por acaso, portanto, ouso dizer que deveriam ser distribuídos. Muitos precisam tomar conhecimento deles.

– Meu caro, sei das responsabilidades que nos cercam quanto à difusão dessas informações, mas confesso que ainda não sei ao certo o que devemos fazer com elas – prosseguiu sorrindo. – Talvez eu esteja aguardando um sinal dos Céus.

Enquanto a noite avançava, Morilo não perdeu tempo. Tomou conhecimento do trabalho; e continuaram a conversar sobre o destino daqueles escritos.

Capítulo 6

Grandes alegrias, novas revelações

Na manhã seguinte, enquanto tomavam o desjejum e conversavam animados, Antoine entrou sorrindo como de hábito. Após as devidas saudações, olhou para Morilo e disse:

– Não pudemos conversar como eu gostaria, pois estive ausente em virtude de atender a uma solicitação de Filipe para levar um remédio a um enfermo aqui nas cercanias. Como a neblina estava muito espessa, resolvi pernoitar por lá. Essa é uma prática comum entre nós, pois essas estradas são perigosas e por segurança os médicos sempre me pedem que não viaje à noite. Temem por minha segurança e eu não ousaria contradizê-los. – Pegando um pedaço de pão, prosseguiu: – Muito ouvi falar de você e estou feliz em conhecê-lo. Não tenho dúvida de que seremos bons amigos e muito terei a aprender com você.

– Também me sinto muito feliz em conhecê-lo. Também ouvi falar muito de você desde que cheguei. – Alterando o rumo da conversa, Morilo continuou: – Fiquei surpreso ao ver os textos com que Bernard está trabalhando. São preciosos e acredito que muitos deveriam tomar conhecimento deles.

"Acredito que também deveriam seguir um novo destino, rasgar as fronteiras e chegar às mãos daqueles que hoje são reservados a crer em um Deus por meio de símbolos e de imagens mitológicas, de cultos incompreensíveis, de leis que massacram ou de alguém tão superior que não respeita sua própria criação. Meu sonho é ver o povo lendo e compreendendo um Senhor digno, justo e bom. Assim poderão escolher seus caminhos com razão e amor puro."

– Concordo com você – interveio Antoine. – Temos muitos amigos na Europa que ansiariam por eles. Além do mais, por que deixarmos parado somente para nós? Deveríamos distribuí-los como meu pai fazia. Poderíamos criar uma cadeia segura de informantes. Tenho certeza de que muitos contribuiriam conosco.

– Compartilho de suas idéias – disse Morilo interessado. – Apesar de a Igreja ser contra, poderíamos criar um meio seguro de distribuição. Não posso imaginar que a lucidez de nosso amigo Bernard reserve-se somente a ele ou somente para um grupo tão pequeno como nós.

Bernard abaixou a cabeça e ouviu o diálogo dos jovens sem interromper. Cecile aproximou-se de Filipe percebendo o seu silêncio e disse:

– Ambos acabaram de se conhecer e parecem que são amigos há muito. Haverá tempo oportuno para essa distribuição. Antes, porém, as traduções devem ser concluídas. Devemos lembrar que muitas mortes já ocorreram em nome de Jesus, e o trabalho de Bernard é sustentado pela paz sem guerras ou desatinos. Tenhamos paciência.

– Meus amados – disse Bernard –, todos estão corretos. Os jovens por quererem distribuir essas revelações e Cecile quando nos evoca a paciência. Não desejo que iniciemos uma batalha sangrenta em nome do Senhor. Há de chegar a nova fase do Cristianismo quando as mentes estarão prontas para receber essas e outras revelações. Portanto, não nos precipitemos, é o que rogo a todos. Meus escritos, outrora, serviram para sustentar idéias que culminaram em batalhas e mortes. – Com os olhos brilhantes e emocionados prosseguiu: – Creiam, jamais desejei que isso acontecesse e agora quero ser mais cauteloso.

"Não me entendam tal qual um egoísta querendo trazer somente para mim a sabedoria que foi posta temporariamente em minhas mãos. Tenho consciência da amplitude deste trabalho. A velhice nos faz brandos e complacentes, todavia não nos transforma em covardes. Não podemos nos precipitar. Devemos aguardar o momento certo para iniciarmos essa distribuição: '...ninguém de nós vive e ninguém morre para si mesmo, porque se vivemos é para o Senhor que vivemos, e se morremos é para o Senhor que morremos. Portanto, quer vivamos, quer morramos, pertencemos ao Senhor'."[21]

O silêncio era inevitável. Acatando as palavras de Bernard, sem maiores delongas, permaneceram conversando sobre a atividades de um novo dia.

Morilo havia iniciado seus propósitos de educação, e uma grande amizade se fortificava entre ele e Antoine, enquanto Inarus mantinha-se ao seu lado apoiando seu trabalho. Seguindo os passos de Bernard, fazendo um trabalho independente da igreja, ambos ensinavam os aldeões a ler e a escrever. Um reduto de pensadores e filósofos voltava a se formar e, sem que os religiosos soubessem, mantinham reuniões secretas visando discutir os assuntos do Cristianismo proibidos pela Igreja.

Pablo, filho de Ramirez e Laila, afeiçoava-se aos jovens, em especial a Antoine e ao seu lado permanecia tal qual um aprendiz a seguir os passos de um mestre.

Naquele entardecer, Filipe, na varanda despedia-se de um homem enfermo que acabava de ser atendido por ele. Cecile observava-o com extremo carinho. Percebendo sua presença, o médico abraçou-a. Ela retribuiu apaixonadamente e disse:

– Veja, Bernard acabou a tradução destes textos e solicitou-me que os trouxesse para que tome conhecimento.

Neste ínterim, Yasir e Catarina aproximaram-se. Filipe, sem demora, iniciou a leitura:

Pedro, Mateus e João
entre as dúvidas e a fé[22]

Haviam transcorrido dias após a crucificação do Cristo. A Palestina estava envolta em diversos conflitos e todos aqueles que seguiram o Mestre e que lhe juraram a força da fé em suas palavras sábias de luz silenciaram amedrontados e mantiveram-se cativos em seus próprios medos.

Bartolomeu, perdido em seus pensamentos entre continuar ou não a seguir os cristãos, foi buscar no amigo Pedro a coragem para resistir às ofensas, ao escárnio que recebia e, sobretudo, forças para enfrentar os conflitos que se iniciavam entre os próprios seguidores do Caminho (...) Mesmo aqueles que Jesus havia escolhido não se entendiam, e as divergências faziam-nos distantes (...)

Mateus: Pedro, Pedro, será que valerá todo o esforço e renúncia em nome do Senhor?

Pedro: Entre os seguidores do Cristo se iniciou a divisão. Aqueles que se diziam discípulos eternos do Senhor manifestam-se de maneira dogmática e muitos credos já se misturam à pureza da sabedoria de Nosso Mestre. Cabe a nós não julgarmos a ninguém (...)

Mateus: Mesmo compartilhando nossas angústias e incertezas, temos de fortificar nossa fé. Nossos olhos se turvam quando obstáculos surgem à nossa frente, quando perdemos quem amamos ou nos separamos de amigos que acreditávamos que eram fiéis seguidores da causa. Aqueles aos quais confiávamos a esperança partiram e nos encontramos sós. Carregaremos em nosso íntimo a pergunta: Será que valeram tantas renúncias? Suplicamos aos céus respostas, mas somente o silêncio nos é enviado (...)

Enquanto conversavam, João orou com fervor:

João: "'Kathiath'[23], depois de tanto buscar os Teus passos, eis que me encontrei aqui dentro do silêncio de minha solidão. Mesmo o sofrimento dividindo-me o instante, olho para o lado encontro a paz e Te sinto tão próximo de mim. Depois que partiste caminhei por todos os lugares da terra buscando Tua feição e a confirmação de minha fé (...) Perguntei dia após dia se todo o esforço que fazia era suficiente e valia. Hoje sei que de tudo o que fiz não há sequer uma dúvida de arrependimento, mas a certeza de que as gerações que virão ouvirão a Tua palavra e encontrarão na Tua luz divina a força para recomeçar (...) Aquele que chora sobre o túmulo terá a certeza de que a vida continua; aquele que luta mesmo enfraquecido há de encontrar a força na fé. Quando tudo se fizer perdido, eis que o Senhor aparecerá vivo e radiante, iluminando sempre as palavras traduzidas pelas mãos de tantos. Portanto hoje sei quanto Te procurei mas o Senhor estava dentro do meu coração. Então recebe agora a força de minha gratidão."

– Meus amigos – disse Yasir –, cada dia fico mais surpreso com esses textos. Morilo e Antoine estão ansiosos demais para iniciar a distribuição. Em breve não poderemos mais lhes conter o ímpeto.

– Concordo com você – interveio Filipe. – Sabemos que isso significará que afrontaremos muitos e poderemos iniciar uma pequena guerra. Estou confiante em que no momento oportuno faremos o melhor com esse trabalho, mas por agora respeitemos o estado de saúde de Bernard. Em minhas conversas com ele, sinto que ele está receoso com o destino de seu trabalho. Confiemos nos desígnios do Senhor e aguardemos um pouco mais.

– Meu amor – disse Cecile –, não se aflija. Devemos entregar nossos temores ao Senhor, porque com Ele estamos seguros. Além do mais, estamos alertas e mantendo o sigilo quanto a tudo o que fazemos aqui.

Aqueles corações permaneceram entre diversas conjecturas enquanto as horas seguiam seu ritmo.

Capítulo 7

Cecile e as comunicações com o oculto

A residência dos médicos vivia um clima de tranqüilidade e alegria. Filipe e Cecile não escondiam o amor que, tal qual o perfume de uma inesquecível primavera, trazia um colorido especial à vida deles. Pela primeira vez, o médico experimentava um sentimento real e maduro que era correspondido com a força do coração puro daquela mulher que lhe representava a luz e a cura de suas chagas do passado.

Todavia, os dias para Bernard eram sofridos. Naquela noite, uma forte crise massacrava-lhe o corpo. Filipe e Yasir revezavam-se para atender a todos os seus chamados. Tempo depois, após ter vencido as difíceis dores, repousava sereno.

O aposento modesto mantinha-se envolvido por uma sublime paz, enquanto todos permaneciam vigilantes ao lado do amigo tentando dividir-lhe o sofrimento diminuto.

De súbito, Cecile como se estivesse envolvida por forte e sereno torpor, começou a proferir algumas lúcidas palavras, como se outro alguém o fizesse por ela.

Antoine, habituado com aquelas manifestações, conversava com ela e orava seguro. Todos, atônitos, observam a cena. Instantes depois, Cecile voltava a si sem as lembranças das últimas ocorrências.

Bernard, maravilhado com o que vira, disse:

– Muito viajei no decorrer de minha vida e cheguei a presenciar ocorrências semelhantes a essa que acabamos de ver. – Pensativo prosseguiu: – Agora compreendo a carta de Jacques quando se referia à filha. Enquanto ela permanecia neste "estado de transe" ela relatava passagens da vida de Jesus Cristo com uma clareza espantosa. Sempre foi assim?

– Sim, desde há muito tempo ela é "mediadora" dessas manifestações. Meu pai estudou tudo o que pôde para compreender o que acontecia com minha irmã. Juntos aprendemos a conviver com isso e por amor a ela permitimos que ela se comunique com o oculto.

– Jacques registrou todas as letras proferidas por ela?

Antoine, em silêncio, retirou-se e instantes depois retornou entregando a Bernard uns escritos que pertenceram a seu pai e disse:

– Sim, por muitos anos, mas infelizmente muitas anotações foram queimadas. Aqui estão parte daquelas que conseguimos salvar.

– Estou chegando ao final das traduções e percebo que ela disse com perfeição muitas coisas que pareciam complementar o que escrevi até então e aqueles trechos de que não consegui sequer traduzir uma palavra. Creia, essas páginas complementam os textos que estou traduzindo.

– Vivemos um mundo repleto de preconceitos que está submetido a dogmas religiosos, crendices e superstições – disse Catarina.

– Poderemos preparar um ambiente propício para que ela esteja bem protegida e possa se colocar à disposição para ser a "mediadora" dos espíritos – interveio Antoine. – Assim poderemos continuar reunindo essas informações para disseminarmos no futuro.

– Confesso que fiquei surpreso com o que presenciamos – disse Bernard com carinho. Olhando para Cecile, prosseguiu: – você é especial e por razões que desconhecemos fomos escolhidos para trazer essas revelações às mãos de muitos. Ao retornarmos em nova vida, jamais nos esquecemos de nossos aprendizados do passado. Por meio daquele "transe", quando alguém falou por intermédio de você, poderá concluir o trabalho que iniciei e deixarei este legado em suas mãos. Portanto, enquanto o hálito da vida habitar seu corpo não interrompa ou cale o que faz com muita grandeza, inocência e pureza. O que saiu de seus lábios são com certeza ensinamentos de Jesus, que nos são devolvidos por seu intermédio.

Enquanto todos expressavam suas opiniões, Filipe permanecia pensativo. Após alguns instantes, aproximou-se de Cecile, em silêncio, e a troca de olhares revelava a cumplicidade deles naquele momento. Com firmeza, segurou-lhe as mãos, beijou-as e interveio:

– Temo por você. Não permitirei que nada lhe aconteça. Não posso desprezar minhas preocupações.

– Meu querido, nenhuma dor eu sinto em meu corpo tampouco trago as lembranças das ocorrências quando acontecem aqueles episódios. Apesar de não possuir o controle desse feito, meu pai me ensinou a me disciplinar. Com a força da oração, sinto-me protegida, permitindo que minha alma adormeça. Em seguida, como se eu estivesse mergulhada em um profundo sono, sou arrebatada por extrema candura celestial quando divido minha mente com aqueles em que tanto confio e muito amo – amor esse que me acolhe nos braços de amigos em que sei que posso confiar. Assim, somos um só pensamento, um só sentimento e uma única voz. – Com a voz embargada prosseguiu: – Entrego-me por completo e dentro de meu coração tenho consciência de que isso é uma tarefa vinculada a Jesus, da qual não posso prescindir. Sei que ao seu lado me sentirei mais segura. Todavia, se acreditamos que não morremos, por que agora temermos o oculto?

Com muito carinho, o médico abraçou-a, beijou-lhe a testa, contemplou-a profundamente e disse:

– Por vezes sinto que lutamos muito para estarmos juntos. Agora que estou com você, o pavor de a perder assombra-me a alma. Vencerei meus medos, buscarei na instrução e em minha fé as respostas das minhas dúvidas íntimas. Se nossos ancestrais necessitam falar por intermédio de você, então nos prepararemos e rogarei sabedoria ao Senhor para poder compreendê-la naquele momento, concedendo-lhe total amparo para essas manifestações. Não me oporei a nada. Estarei com você e a auxiliarei até quando for necessário. Manteremos o sigilo e continuaremos o trabalho que nos foi designado.

Ela, com largo sorriso iluminando-lhe o rosto, disse:

– Meu querido, de alguma maneira muito especial, dentro de mim eu sabia que aceitaria esses fatos. Creia, todos os dias agradeço ao Senhor ter encontrado você Se não fosse o seu amor, sua atenção ou simplesmente o seu olhar, chegaria a pensar se valeria essa existência sem você. Todos os dias desperto querendo simplesmente que o dia não termine, pois sinto medo de adormecer e ao acordar não encontrar você ao meu lado.

– É bendita para mim – interveio Filipe. – Ensinou-me a viver e a querer continuar. Devolveu a luz à minha existência e retirou-me o medo das trevas. Iluminou meu caminho com seu amor e por ele sinto-me seguro. Se a felicidade pode ser traduzida, para mim ela se chama Cecile...

A noite avançava serena como sempre enquanto aqueles corações continuavam conversando para entendimento das ocorrências relacionadas com Cecile.

Na noite seguinte, todos se reuniram no aposento de Bernard. O ambiente humilde foi invadido por intensa e serena paz. Acomodados, Antoine e os demais oravam enquanto Cecile, mergulhada em passageiro torpor, era envolvida por sublime voz que dizia assim:

Aspectos da vida cotidiana – diálogo de Pedro com Jesus – reflexões sobre a existência de outras vidas[24]

Naquela noite, na casa de Pedro, filho de Jonas, o perfume de Jesus Cristo se dividia entre os seus discípulos, homens e mulheres comuns que buscavam acalento e luz. Sentado na varanda, Jesus, mesmo trazendo a feição cansada, continuava disposto a elucidar aqueles filhos de Deus que enfrentavam as dificuldades do cotidiano. (...) De súbito, a voz da sogra de Pedro foi ouvida:

Sogra de Pedro: Pedro, és um preguiçoso. Desde a chegada de Jesus Cristo não pensas em outra coisa senão aceitar as fantasias faladas por Ele. Onde estão as providências mínimas para o sustento de tua família e desta casa? Olvidaste das obrigações de esposo (...)

Pedro, cheio de cólera, revidava-lhe as palavras. Enquanto ela continuava a esbravejar, Pedro aquietou-se e se aproximou de Jesus buscando proteção, mas o Mestre permanecia em silêncio. Todavia, o conflito de um pescador humilde e de um homem rude fazia morada em sua alma.

Pedro: Os infortúnios ocultos assombram esta casa. Preciso encontrar o equilíbrio em minha fé. Como continuar com o "Mestre" se a vida de um lado me chama à razão e à responsabilidade, e de outro a fé que impera dentro de mim fala mais alto?

Com simplicidade, a esposa de Bartolomeu abraçou o pescador e disse-lhe:

Ruth[25]: Pedro, muitas vezes somos convidados a buscarmos outros seguimentos da vida. Deus em sua infinita misericórdia nos colocou em regime temporário e missionário entre corações enfermiços para que eles também possam crescer e assim nos conceder o equilíbrio em nós mesmos. Não devemos permitir que nossos lábios digam palavras soltas que manifestem a inconformação com aqueles que nos dividem a estrada.

"Permite-me compartilhar tuas tristezas para aliviar teu coração. Todavia, silencia a voz em ira e deixa no teu coração a certeza de que aquele que ofende é também um atormentado da alma que necessita de amparo e luz. Aquele que nos julga também necessita da atenção de Deus, porque muitas vezes quando olhamos e apontamos as deficiências do externo, estamos nós mesmos escrevendo nas páginas de nossa vida as imperfeições que ainda habitam em nós. Se hoje falta o peixe sobre a mesa, em teu coração há fé; portanto, com trabalho e paciência nada, ao certo, faltará."

Pedro: És bendita! Queria eu ter uma companhia igual a ti, mas a mim foi reservado o martírio. Choro porque sei que na minha estrada caminharei só.

Jesus: Observa a simplicidade das aves dos céus, porque voam soltas, livres e são dignas da beleza de Deus. Repousam em seus ninhos reconfortadas porque sabem que além das necessidades de voarem e alimentarem-se, sem a fé nada são. Tecem com o que possuem, constroem com o barro, acomodam seus filhos no calor de suas plumagens.

"São bem-aventuradas porque não se preocupam com o amanhã, mas não vão além do necessário. Respeitam e dividem o que possuem: o céu. Aquele que busca o reino dos céus compreende a razão das causas mínimas da vida e percebe que na família está a primeira escola de transformação. Somos filhos de muitas

vidas já experimentadas. A dificuldade no convívio é o reflexo do conflito passado que volve agora requerendo regeneração.

Antes, porém, de serem esposas, foram filhas (...) Antes de serem filhas foram esposas (...) Antes de seres esposos foram filhos e antes de serem filhos foram esposos. É a certeza da misericórdia de meu Pai que compreende que no lar está exposta a oportunidade de recomeço. Cabe a cada um aproveitá-la ou não. A justiça da reencarnação é bendita e concede luz às sombras, equilíbrio aos sábios e reforça a fé daqueles que crêem com razão. Mesmo cansados de viverem muitas vidas, mas vitoriosos por terem cumprido suas missões, retornarão ao Pai, certos de terem encontrado a esperança de renovação de seu universo interior (...)

Quando cansados de baterem suas asas eis que meu pai estenderá as mãos, e, no ninho de seu amor e de sua compreensão, ofertará o coração pleno, justo, e pronto há de trazer para si aqueles que hoje parecem longe da realidade que trago em minhas palavras, porque será sempre bem-aventurado aquele que olha as aves do céu, mas que também tem coragem de alçar seus vôos e de encontrar na esperança do destino a certeza de um mundo melhor por meio não somente de seu coração mas do universo. (...)

Pedro, enquanto tua estrada for cheia de indecisões e tua fé for frágil, os teus ouvidos sempre escutarão as vozes dos homens. Precisarás de muitas vidas para me compreender. Quando te firmares na fé, acreditarás no poder de teu coração. Então, há de levantar-te confiante, compreendendo o diferente. Quando estiveres pronto para desistires de mim, estarei sempre aguardando teu novo recomeço, porque o meu amor por ti silenciará teu medo."

Cecile voltou a si. Bernard não escondia o espanto e maravilhado disse:

– Meus amigos, mesmo desconhecendo os motivos e não termos sequer merecimento para tanto, fomos agraciados por Jesus. Acreditem, tudo o que ela disse está aqui declarado neste papiro.

Mostrando a todos as semelhanças entre as palavras, com o que conseguiu anotar, e com os textos originais, pareciam que ambas as páginas se complementavam e se transformavam em uma só.

Filipe, ao lado de Cecile, abraçou-a como quem tentava lhe trazer um pouco de conforto, mesmo sem entender direito o que ocorrera.

– Meu pai – disse Antoine – dizia que, segundo a crença dos indianos, ela é a ponte de comunicação entre os vivos e os mortos, o que faz parte daquela cultura. Pessoas como ela, naquelas paragens, são chamadas de "mediadores".

– Não devemos nos esquecer de que, no Ocidente, onde vivemos, isso é bruxaria – disse Yasir. – Então é melhor guardarmos para nós essas ocorrências.

– Concordo com meu primo – disse Filipe. – De agora em diante, todos nós devemos estudar esses conceitos para que possamos ajudar Cecile. Não devemos nos expor, mas sim nos disciplinarmos para que não sejamos vítimas de oportunistas deste ou do outro mundo nem depararmos com casos semelhantes à insanidade que tanto já tratamos.

– Meu primo – disse Catarina –, você sempre foi muito racional. Nossa residência sempre esteve envolvida com fatos incomuns. Seguiremos corretamente suas orientações para não prejudicarmos Cecile.

Bernard, feliz, interrompeu aquela conversação e orou:

– Senhor Jesus, ensina-nos a compreendermos o desconhecido, a darmos graças em teu nome cumprindo com razão aquilo que é hoje a verdade de nossa vida. Oferta-nos o calor de tua sabedoria e de teu amor paciente, para que medo ou dúvidas não nos impeçam de seguir. Permite-nos revermos nossos conceitos médicos e pensamentos retos, para que, por intermédio de nossas ações, possamos fielmente construir uma vida, não somente de ilusões, mas real e firmada no propósito de uma fé verdadeira, aquela que ainda desconhecemos.

Capítulo 8

A reprodução e a distribuição dos escritos

Naquele entardecer, Morilo mantinha-se envolvido em seus estudos sentado na varanda modesta, quando Antoine aproximou-se e disse:

– Meu amigo, preocupo-me com o destino daqueles escritos. Respeito Bernard, mas devemos iniciar a distribuição dos textos e aqueles que Cecile nos traz por meio do oculto. Apesar de guardar minha ansiedade, acredite, meu coração vive uma luta intensa. Não suporto mais deparar com tantas atrocidades. Meu silêncio faz me sentir cúmplice daquilo que tanto repudio, a injustiça.

– Por onde passei em minhas poucas viagens, registrei as marcas dos horrores praticados por homens que se dizem a voz de Deus. Jovens escritores tinham suas mãos arrancadas a pretexto de terem sido usadas pelas forças das sombras porque somente quem pode manifestar a escrita são os membros do clero. Mulheres eram torturadas até a morte somente por serem detentoras de singular beleza ou de possuírem "dons" que ainda nenhum sábio soube compreender. Não repudio o Criador, mas o Senhor meu Deus, Aquele em que creio, não é um tirano que permite que homens comuns coloquem-se como deuses no chão, como falsos anciões ou profetas. Compartilho com você de seus ideais de justiça. Auxilia-lo-ei no que for necessário para que os pensadores possam se manifestar livremente e farei o que puder para defendê-los.

– Sabia que poderia contar com você. Falaremos com Bernard, Filipe e Yasir. Iniciaremos a reprodução dos textos e a distribuição sem expor ninguém.

Vasculhando alguns escritos, Morilo selecionou um entre muitos, e disse:

– A cada dia que meus olhos repousam sobre o trabalho de Bernard, confesso que me sinto surpreendido por grande emoção. Veja estas palavras:

Filipe e seus temores[26]

Naquele entardecer, em que todos estavam cansados das atividades comuns com as quais estavam comprometidos, nosso Senhor Jesus Cristo sentou-se por instantes nos degraus da casa de Pedro buscando um descanso. Afrouxava suas sandálias e delas retirava areia, quando Filipe se aproximou:

Filipe: Mestre, estou cheio de dúvidas e temores. Sou conhecedor das leis de Moisés e das tuas palavras. Não me sinto pronto para conduzir teus ensinamentos e tampouco acredito-me digno para isso. Além do mais, tenho filhas e esposa. Como fazer prevalecer minha fé diante das responsabilidades familiares que exaltam minha alma?

Jesus: Fortifica a tua fé. Tua mente ainda repousa nas leis que me antecederam e que estão guardadas no Templo. Liberta e modifica teu modo de sentir, assim sentirás a paz do meu amor e tua família receberá de meu Pai as luzes de sua consolação.
"O meu reino não é calçado no mármore ou na púrpura dos césares. Não vim trazer a discórdia, mas separá-la do coração dos homens. Ele se estabelece no coração e na mente dos homens, aqueles que se convertem por completo. Bem-aventurados quando colocam as causas mínimas de lado e não se desculpam diante de mim, atribuindo ao tempo o limite de suas ações... Com dúvidas, abandonam tudo aquilo que escolheram em razão das coisas de uma vida passageira. (...) Atribuem à vida material maior valor que as coisas do espírito.
Enquanto estiverem voltados somente para as causas de aparências, para o 'imediatismo', buscarem as respostas prontas para que não seja necessário refletir, estarão cultivando um reino que pertence a esse mundo. Falo de uma renúncia equilibrada e que, em cada testemunho de fé, encontra coragem para continuar.
A transformação dos filhos de Deus é lenta, mas contínua. Dentro de cada lar, há oportunidade para o amadurecimento celestial; aquele que não pilha, não cobra, não impõe, mas espera e ensina, divide compreendendo a limitação daqueles que estão sob o mesmo teto."

Enquanto o canto dos pássaros alegrava o pequeno jardim colorido que lhes dividia o cenário, os jovens conversavam alegremente entre sonhos e planos para iniciarem, enfim, a tão esperada distribuição dos textos.

Naquela noite, dois dias depois, após o jantar, no salão principal, Catarina e Cecile serviram a ceia enquanto os homens continuavam conversando. Descontraído, Antoine disse:

– Acredito que chegou o momento de iniciarmos a preparação das cópias e a distribuição dos textos traduzidos por Bernard. Possuo muitos amigos dessa causa que poderiam nos ajudar. Além do mais, eles respeitam muito o trabalho de nosso amigo francês. Alguns deles já aguardam a chegada desses textos para fortificar o movimento em que tanto acreditam. Nada faremos que possa expor alguém.

– Compartilho das idéias de Antoine – disse Morilo. – Sentimo-nos preparados para copiarmos. Já possuímos muitos contatos que estão aguardando a chegada dos textos. Não podemos mais esperar, devemos iniciar agora mesmo esse trabalho.

– Não podemos nos expor agora – disse Filipe. – Conversamos muito sobre esse assunto, mas não pretendemos agir com insensatez. Queremos difundir as idéias dos textos traduzidos por Bernard, seu trabalho e, sobretudo, os apontamentos que registramos por intermédio de Cecile. Devemos ser prudentes e cuidadosos. Não devemos confundir desejos políticos com verdades religiosas. Desde que Bernard chegou a esse solar, sempre afirma que deseja uma transformação das mentes sem provocar guerra. Acredite, compartilho dos anseios de ambos, mas aprendi a esperar. E esperar aqui não é inércia, mas estratégia, trabalho e muita sabedoria.

– Lembre-se de que somos médicos e temos compromissos vinculados ao nosso trabalho – disse Yasir. – Respeitamos os ímpetos juvenis, mas compreendam nossas reservas e maturidade na tomada de decisão.

– Essa atitude passiva assemelha-se a medo – disse Antoine. – Confiem em mim e em Morilo. Permitam que ao menos façamos a reprodução para que em breve iniciemos a distribuição.

– Se ousarmos calar essas informações ou reservá-las somente a nós – replicou Morilo –, seremos cobrados por adotarmos uma conduta inerte diante da obra de Deus. Seremos semelhantes àqueles que se dizem mantenedores das leis celestiais, porém agem diante da vida, difundindo irracionalidade e desamor.

Uma bruma densa e aquecida descia sobre o ambiente servindo de ribalta para um confronto. Tentando evitar maiores agitações, Morilo e Antoine permaneciam em silêncio. Percebendo a dificuldade do momento, Yasir disse:

– Sei que ambos querem o melhor para todos. Ambos estão com a alma cheia de sonhos e ideais assim como fomos um dia. – Olhando para Filipe, prosseguiu: – Você não acha que chegou o momento de confeccionar pelo menos as cópias, como sugeriram?

– Meu primo, todos os dias faço essa mesma pergunta para mim mesmo, talvez aguardando um sinal dos céus. Somos racionais demais e, mesmo que o Senhor nos enviasse um aviso celestial, ao certo não entenderíamos.

Revelando seriedade em seu semblante, Bernard quebrou o silêncio, dizendo:

– Todos estão corretos em suas colocações, mas creio que devemos iniciar a distribuição dos textos. Talvez estejamos relutantes demais, mas sei que não poderemos conter esses dois pássaros selvagens em uma gaiola. Se não os apoiarmos, tenho certeza de que agirão de forma insensata. – Pôs delicadamente a mão direita no ombro de Morilo, e sorrindo disse: – Se prometerem agir com prudência, poderão iniciar as reproduções e terão meu integral apoio.

Os jovens não escondiam a felicidade. Pareciam crianças que acabavam de receber precioso presente. Empolgado, Morilo disse:

– Eu e Antoine já fizemos contato com professores e filósofos do sul, da França e da Itália. Todos se colocaram à disposição para nos auxiliar.

Cecile, com candura, interveio:

– Para que possamos fazer com que todo o esforço de Bernard chegue aonde terá de chegar e para nos preservarmos e não sermos descobertos, eu e Catarina poderemos fazer pães e dentro deles colocarmos os textos em pequenas partes. Assim como poderemos utilizar os charques como meio para transportá-los. Ninguém desconfiará de nós. Além do mais, era assim que meu pai fazia para distribuir os livros julgados proibidos.

– Vamos nos organizar – disse Bernard –, faremos tudo de maneira correta. Enviarei uma carta a Etiene, um filósofo grande amigo meu, em quem muito confio. Solicitar-lhe-ei que venha até aqui, assim o convidaremos para ser nosso contato para iniciarmos a distribuição. Não devemos nos preocupar ou perguntar se fizemos nossa parte; o Senhor não nos desamparará. Iniciaremos uma grande cadeia de distribuição deste trabalho. Que Jesus seja sempre nosso caminho. – Suspirando prosseguiu: – Cristo, Mestre de todos nós, estamos conscientes de que estás conosco. Permite-nos transformarmos o Teu amor em realizações e em cada realização encontrarmos as bênçãos de um novo recomeço.

"Ensina-nos a tolerarmos as diferenças, a renunciarmos sem imposições e sem cobranças e a entregarmos o nosso coração às Tuas mãos. Direciona-nos para o Teu objetivo sem contarmos o tempo que passou e quando relembrarmos do pretérito, mesmo que ele esteja repleto de lágrimas, exalta em nós a Tua sabedoria e a força que demonstraste na cruz, porque assim triunfaremos junto com o Teu Império indestrutível de amor."

Sem perceberem, no invisível, algumas figuras iluminadas derramavam sobre aqueles filhos de Deus luz e coragem para executarem seus planos amparados pelas mãos misericordiosas de Deus.

Capítulo 9

O silêncio do Grande Pensador

A saúde de Bernard enfim predizia que as páginas de sua história estavam chegando ao final.

Naquela inesquecível noite, todos se mantinham vigilantes ao lado do amigo.

A tosse incessante e a febre consumiam pouco a pouco o corpo mirrado. Mesmo com os olhos avermelhados, o brilho de seu olhar continuava presente.

Após um instante de serenidade, o idoso francês solicitou que Filipe e Yasir se sentassem próximo dele. Segurando-lhes as mãos, disse:

– Meus eternos amigos. Sinto que a morte não me é ausente. Fizeram muito por mim, até além do que eu merecia. Compartilharam comigo suas alegrias e suas lágrimas e aqui encontrei a paz de que tanto necessitava. – Respirando com dificuldade, prosseguiu: – Se cremos na vida após a morte, não devemos temer esse instante ou acreditar que estaremos ausentes daqueles que amamos. São competentes médicos e sabem que meu momento chegou. Sei que em breve não estarei aqui. Todos deste solar foram para mim minha verdadeira e autêntica família. Portanto, gostaria de fazer um último pedido.

– Diga-nos o que quiser – disse Filipe emocionado. – Espero que tenhamos condições de atender a sua súplica.

– Continuem distribuindo os textos em que tanto trabalhei. Sejam pacíficos mesmo que não consigam ver os nossos objetivos alcançados quanto à transformação do povo em luzes de sabedoria. Acreditem, nosso trabalho não terá sido em vão, pois, no futuro, quando o mundo estiver mais preparado, receberemos muitas revelações até maiores do que este singelo trabalho.

– Meu amigo – interveio Filipe –, faremos o que nos pede. Espero somente que nós, ainda selvagens e imperfeitos, possamos conduzi-lo como pediu.

Naquele momento, Bernard, mesmo acompanhado daqueles amados filhos de Deus, sabia que o desafio de enfrentar a morte era uma missão individual e solitária. Vencendo os limites que lhe eram naturalmente impostos, fixou o olhar no infinito e com dificuldade disse:

– Partirei com o coração feliz porque sei que as preciosidades de Jesus estarão em boas mãos. – Suspirando prosseguiu: – Senhor, estou ciente de que estes são meus últimos instantes nesta vida, como também não sou merecedor de Vossa misericórdia, portanto não aguardo louros, somente Vossa compaixão. Rogo não por mim, mas por meus amigos, estes, com os quais fui presenteado nesta existência. Fazei cada um aceitar a Vossa vontade e em lugar da tristeza pela morte, que nasçam as flores de alegrias no coração deles, pois viverei após o suplício deste corpo flagelado. Sempre acreditei no Cristianismo renovador e neste credo encontrei a Vossa luz em mim. Sei que a transformação de Vosso povo continua em marcha para a frente. Um dia, todas as mentes compreenderão a vontade de Deus e assim o amor triunfará. Então, fazei aqueles que permanecem no chão suficientemente fortes para vencerem a si próprios e encontrarem o poder e a glória da sabedoria celeste para suportarem as desventuras que somente pertencem a este mundo.

"Que todos nós aprendamos a ouvir sem revoltas" – continuou Bernard depois de uma pequena pausa –, "a falar sem maldade, a ver com compaixão, a caminhar sem dúvidas, a ter fé trabalhando sempre pelo melhor e com o melhor que possuímos. Não nos retireis das escolas de aprendizados tão necessárias para nós mesmos, pois em cada golpe recebido, um novo recomeço, e a cada abandono, o momento de reflexão sobre as razões de nossas solidões. Convertei-nos em consciências vivas que refletem o Vosso querer, pois sabemos que como nenhum dia é igual a outro, também nenhuma vida é igual a outra. Portanto, banhado com o perfume de Vossa luz, exaltamos Vosso nome e aceitamos todos os desafios que o Senhor nos ofertará porque sabemos que todas as estradas caminhadas convosco sempre nos levarão ao Vosso amor..." – Após breve silêncio, Bernard olhou para Filipe e disse: – Leia para mim uma página que traduzi. Quero morrer ouvindo as palavras de Jesus."

Filipe não escondia a emoção e atendeu o amigo:

Derradeiros momentos de Bartolomeu em diálogo com Jesus[27]

Bartolomeu havia sido preso e, naquela noite, após experimentar sofrido açoite, enquanto outros amigos repousavam no canto da cela fria, ele, agarrado às grades que lhes eram companheiras, somente as lembranças da esposa amada trazia-lhe passageira acolhida e paz. Entre lágrimas, orou:

"Senhor amado, bendito seja o Teu nome entre todos os césares, governadores e imperadores da Terra. És o grande rei de todas as criaturas (...) Tampouco todas as religiosidades que nascem são capazes de sacar a Tua lembrança dos corações da humanidade.

Permite-nos curvarmo-nos diante do Teu amor fraterno. Quando o nosso coração estiver declinado ao mal e prontos para desistirmos suplicamos pelas Tuas mãos.

Ensina-nos não suspirarmos uma só reclamação, mas sim agradecermos com fé a vida a qual recebemos dadivosa (...) Concede-nos a razão suficiente para nos levantarmos confiantes sem acreditarmo-nos maiores que Teu amor e a força divina da luz para que possamos ter não somente a vontade de continuar mas a certeza de que o Senhor é o objetivo de todos nós. Enquanto as nossas lágrimas turvarem nossos olhos, permite-nos, serenos, entendermos Tuas leis. Suplico-te, porém, que antes de compreendermos Tuas leis, ensina-nos a amarmos e a perdoarmos a nós mesmos.

Por fim, concede-nos alguém que clama por nosso acalento, quando não possuirmos a companhia de quem amamos, concede-nos alguém para que possamos em cada passo direcionarmos os filhos de Deus à educação dos céus (...) Reconhecemos e amamos a ti como Rabboni.[28]

Assim, Senhor amado, sê sempre a esperança viva em nossa alma deficiente porque és a fonte que nos renova eternamente e nos encaminha para Deus (...)"

Somente aos olhos de Bartolomeu um clarão se fez presente. Jesus Cristo, colocando Suas mãos sobre as mãos de Bartolomeu, que seguravam as grades, disse-lhe assim:

"Filho de meu Pai, todas as vezes quando os homens duvidam de minha presença eis que me faço mais presente. Quando a mulher chora solitária seco-lhe as lágrimas; quando o homem percebe que tudo está perdido, indico-lhe mais um caminho e quando a solidão é necessária companheira em razão das renúncias em meu nome eu sou a companhia eterna. Portanto, tudo vale a pena desde que saibamos esperar operantes, conscientes de que o tempo tem as suas leis e as suas missões. O tempo constrói e não destrói aquilo que foi construído pelas mãos de meu Pai.

Não te consideres sozinho porque sempre estarei junto do teu coração. Não te consideres abandonado porque no martírio serei Eu que estarei aliviando a dor do teu corpo. Permite que teu coração repouse em minhas mãos para que não te percas no caminho que conduz a Deus. Bendito seja aquele que operante esperou até o último instante e não renunciou à fé, porque nenhum sofrimento é soberano à vontade de Deus. A vontade de meu Pai é aquela que nos direciona sempre ao caminho da felicidade.

Levanta-te sobre teus pés e caminha sempre. O que buscaste em todos os dias de tua vida te direciona para meu coração. Deixa tuas lágrimas em minhas mãos porque quem busca com humildade e perseverança encontra e quem encontra trabalha (...) Meu Pai é fonte primária de todas as existências e não abandona ninguém em sofrimento eterno. Ele é bom e justo. Crê, o amor dedicado a mim também representa antagonismo: lágrima e acalento; tristeza e alegria; cruz e recomeço; morte e oportunidade de nova vida. Portanto, coragem, pois a esperança e a luz são o código sagrado que confirma sempre que Deus continua vivo em luz, sendo o objetivo de nossas existências."

Nesse instante, Bernard suspirou pela última vez e, com um olhar cândido, despediu-se dos amigos. Filipe e Yasir tentavam inutilmente trazê-lo de volta à vida, mas nada podiam fazer.

O silêncio noturno unido à brisa suave pairava no ambiente, quando Bernard, mergulhado em largo sono e, desprendido do corpo envelhecido, deparou com algumas figuras iluminadas. Em meio a forte clarão azulado, Maria Alcântara resplandecia em luz ao lado de don Sancho.

Serenamente, Esteban fez-se presente. Ao reencontrar o amigo, Bernard não conseguiu conter as lágrimas e não hesitou em suplicar-lhe um abraço. Emocionado disse:

– *Tenho consciência de que estou morto, mas a felicidade de reencontrá-lo retirou de mim qualquer infortúnio.*

– *Meu querido amigo, neste momento, nosso tempo é pouco. Viemos em nome de Jesus responder-lhe às questões que endereçou ao Senhor quanto ao trabalho que realiza com textos que estão em suas mãos.*

– São muitas preocupações que me tomam. Como partir agora? Desconheço o motivo pelo qual aqueles papiros chegaram a mim.

– Esses textos não lhe chegaram por acaso – disse Maria Alcântara. *– Neste instante, não se recorda do seu próprio passado, mas você já os conhecia. Chegou o momento de trazer de volta os ensinamentos que Jesus deixou entre nós e que foram suprimidos dos Evangelhos. Aqui do outro lado da vida, um movimento restaurador dos ditos excluídos está sendo organizado e você e todos os que estão na residência de Filipe também foram escolhidos. A você coube a tarefa da tradução; à nossa amada Cecile a comunicação conosco e, aos demais, a distribuição. Não devemos temer o amanhã ou duvidarmos de nossa missão diante do Criador. Honrou o nome do Senhor e amou as letras que lhe foram confiadas. Em breve elas deverão chegar ao futuro, quandoo povo estiver mais preparado para conhecê-las.*

– Temo por Morilo e Antoine. São jovens e impacientes e estão sequiosos por mudanças, assim como fui um dia. Todavia, querem que tudo aconteça mesmo que seja necessário guerrear.

– Conhecemos os jovens mais do que pode imaginar. Antoine traz o espírito guerreiro de tantas vidas, por isso foi a ele designada a tarefa de distribuir estes ensinamentos. Não se esqueça de que, para transformar, muitas vezes é necessário o fogo da destruição para iniciar nova construção. Mesmo assim, estaremos ao lado deles, respeitando-lhes o arbítrio para que eles aprendam a lutar sem armas, mas com compaixão, mesmo que não aprendam nesta vida, outras lhes serão oferecidas para que possam cumprir a missão da instrução e transformação alicerçadas na paz.

– E os demais? Como ficarão? Filipe é um homem de reputação imaculada e justo e seu silêncio remete-nos à insegurança de seus atos.

– Não se preocupe com ele – interveio Esteban. *– De fato, no passado, foi um grande conhecedor das artes das guerras, das lutas e das armas. Quando aqui cheguei, após fortalecer-me em espírito, desde o momento que me foi concedida autorização, estou ao lado dele, com outros amigos, tentando mantê-lo sereno e lúcido de suas obrigações.*

– Cecile... jamais conheci uma mulher como ela. Fiquei feliz quando ela e Filipe se uniram. Juntos pareciam um só coração, porém habitando dois corpos distintos. Sua maneira especial, bondade e simplicidade de viver, fizeram com que ela estivesse presente em todos nós – disse Bernard.

– Ela nos é muito especial – continuou Esteban. *– Em todas as suas existências não se prendeu às aparências dos seres ou de coisas. Aprendeu a lutar com fé, perseverança e paciência servindo a Jesus como "medianeira" utilizando como instrumento de trabalho seu amor à causa cristã. Ela sempre foi o equilíbrio de Filipe, por isso foi concedido a eles experimentarem essa união de corações que há tanto tempo padecem difíceis separações.*

– Surpreso fiquei quando deparei com a preciosa maneira com que ela mantém o contato com um mundo invisível.

– Com o tempo, recordará a forma como procedemos nosso trabalho com ela, que é para nós precioso meio para nos comunicarmos com aqueles que ficaram na Terra. Desde tempos remotos, ela sempre se colocou à disposição para auxiliar a obra de Jesus. Então, por seu intermédio, utilizando seu sistema nervoso, podemos pensar por meio de seus pensamentos e falar por meio de sua voz.

"Não há comunicação sem que exista entre o mundo físico e o invisível um ponto de união, sintonia e afinidade entre as partes. Um complementa o outro, como o azul ressalta o céu, as águas os oceanos, a terra a natureza, o ar a vida. Portanto, essa manifestação somente ocorre entre o mediador e nós, que habitamos o mundo oculto, porque há um vínculo de amor, trabalho e, sobretudo compromisso com o Cristianismo. Jamais o realizamos para proporcionar ilusões ou ensandecer a mente com fantasias pessoais."

– O que está dizendo parece não ser novo para mim, mas não consigo ter a plena lucidez desse conhecimento – falou Bernard.

– Apesar de neste momento não se lembrar, conhece profundamente esse meio. Bem sabe que ao longo da história da humanidade sempre existiram os "mediadores". – Suspirando prosseguiu Esteban: *– Infelizmente, muitos não compreenderam suas tarefas. Sem apontamentos desnecessários, observamos, entre muitos, que há aqueles que esperam e não se desenvolvem, atribuindo a responsabilidade ao invisível; aqueles que dizem crer, mas não confiam e duvidam do Senhor transformando força em inação; aqueles que oram passivos fazendo a fé ser improdutiva; aqueles que se colocam à disposição de Jesus e não acreditam em si próprios; aqueles que defendem a vida, mas somente passam por ela, algemando-se ao pretérito, lembrando angústias sem se libertarem das tristezas ou erros, impedindo que a vontade de Deus impere sobre todos.*

"No futuro, quando as mentes estiverem preparadas, esse meio será disseminado. Os mediadores terão então instrução suficiente para se transformarem em emissários vivos do Senhor e terão consciência de que o intercâmbio somente poderá existir porque há um passado

que une os vivos e os mortos. Assim, confirmarão aquilo que queremos agora manter vivo e que é a razão de nossa luta: a verdade sobre a continuidade da vida após o túmulo."

– *Uma inexplicável paz toma-me o íntimo, mas também me sinto exausto tal qual um viajante que atravessou vastos desertos* – disse Bernard.

– *Por agora, abranda seu coração e segue conosco. Restabelecido deste regresso, poderá ser útil como sempre foi* – concluiu Esteban.

Radiante, ao lado de Maria Alcântara e de don Sancho, Esteban acolhia o recém-chegado envolvendo-o em amor e misericórdia. Enquanto isso, Bernard repousava sereno e, sem mais nada dizer, desapareceram em meio a forte luz em direção ao coração do Cristo Jesus.

Enquanto isso, na casa de Filipe, o silêncio e as lágrimas eram inevitáveis.

Morilo percebeu que sob as almofadas de Bernard havia alguns escritos. Secando o emocionado pranto, recolheu-os, enquanto ainda era possível sentir o amor daqueles seres invisíveis no ambiente. Uma inexplicável paz envolvia aqueles corações, transformando tristezas em bálsamos reconfortantes.

Envolvidos por forte emoção e preces, Filipe e Yasir logo depois, preparavam o amigo para o sepultamento, cientes de que naquele momento, restavam-lhes aceitar o temporário silêncio do grande pensador.

Capítulo 10

Entre as dores da carne e os infortúnios da alma

Numa manhã, Filipe dedicava-se às misturas de suas ervas, auxiliado por Yasir. Ambos conversavam animadamente, quando o ambiente sereno foi interrompido pelo relinchar de cavalos.

Sem perda de tempo, seguiram para inteirarem-se das ocorrências. De súbito, depararam com uma luxuosa carruagem.

Imediatamente, o condutor auxiliou uma anciã a descer, pois ela tinha dificuldade, em virtude de sua idade avançada. Ela aproximou-se dos médicos e somente pelo caminhar era possível identificar que pertencia à nobreza. Após breve saudação, seguiram para o salão interior onde Morilo encontrava-se em meio a suas traduções e leituras. Catarina ofereceu-lhe água para refrescar-se da viagem. Ela, com zelo no linguajar, disse:

– Caros senhores, venho em paz e busco a misericórdia deste solar. Chamo-me Carmen e gostaria de conversar um pouco com Filipe, filho de um homem chamado Esteban.

Filipe apresentou-se e beijou-lhe a mão direita. Diante daquele gesto, a veneranda senhora não escondia as voluntárias lágrimas que rolavam pelas suas faces. Entre soluços, disse:

– Soube da morte de seu pai e chorei muito a ausência dele. – Com os olhos brilhantes e profundos, prosseguiu: – Crêia, é muito parecido com ele e sinto que também seu coração é bom e justo, semelhante ao dele. Você é minha última esperança. Tenho consciência de que em breve o Senhor convocará o momento de minha morte, pois me sinto exausta e enferma. Mas não poderei partir deixando para trás alguém muito amado jogado aos chacais.

– Diga-nos! Qual é a sua história? – perguntou Yasir.

– Apesar de pertencer à Casa de Barcelona, moro atualmente em Navarra. Minha família é muito influente na Corte. Infelizmente, vivemos momentos político-sociais muito difíceis. A região da Catalunha, especialmente Barcelona, é obrigada a pagar altos impostos em benefício dos interesses da coroa e do clero que os auxilia a manter a ordem religiosa como maneira de estabelecer o controle dessas paragens. – Em breve pausa, umedeceu os lábios e prosseguiu: – Todavia, minha única filha consorciou-se com um homem ganancioso e mesquinho chamado don Cortez. Ele se uniu à Igreja e se transformou em um algoz. Assim sendo, há dezoito anos, alguns dias depois que nasceu minha única neta, uma linda menina que chamamos de Nora, inesperadamente minha filha morreu. Então me dediquei totalmente à minha neta.

– Já ouvi falar de don Cortez. Seu nome é conhecido nesta região, mas não o conhecemos – disse Filipe pensativo. – Diga-nos: onde conheceu meu pai?

– Foi no nascimento de minha neta. Foi o virtuoso médico Esteban que a trouxe para a vida. Desde então, nos tornamos grandes amigos. Nos momentos em que mais necessitei, ele foi meu conselheiro e me auxiliou sem alardes, sem querer nada em troca. Com ele consegui aceitar o modo diferente como minha neta se comportava e vivíamos tranqüilas e em paz longe de don Cortez. – Secando a lágrima sofrida prosseguiu: – Todavia, quando Nora completou dezoito anos, começou a agir de maneira muito particular. Seu pai a havia prometido a um fidalgo da família de Aragão, bem mais velho do que ela. Então se iniciou meu suplício.

– O que aconteceu com sua neta? – perguntou Morilo.

– Nora tem uma forte personalidade, recebeu uma educação erudita, mas não esperava que fosse se interessar por ideais de liberdade e igualdade. Sem que ninguém soubesse, auxiliava os menos favorecidos. – Suspirando continuou: – Entre ela e don Cortez estabeleceu-se uma grande hostilidade. Nem sequer pareciam pai e filha, mas se assemelhavam a verdadeiros inimigos, em relação aos ideais. Ela recusou-se a honrar o prometido.

“Ele, cheio de cólera, jurou que se vingaria dela. Então ele a entregou à tribuna inquisitorial afirmando que ela estava tomada por feitiçarias que a levavam a falar com os mortos. Sua sentença era ser conduzida ao *Reclusión de la Virgem de la Compasión*[29], onde a Igreja garantiu que ela seria liberta do espírito demoníaco que a consumia. Acreditei, pois as freiras são reconhecidas pela bondade e o local onde estão parece um retiro de veraneio.

Mas don Cortez, católico fanático e voraz, de maneira ilícita, corrompeu alguns religiosos e, em vez de a conduzirem ao destino, encaminharam-na para o *Enciero de lo Arrepentimiento.*[30] Descobri isso quando inocentemente fui visitá-la. Ao chegar ao meu destino, desesperada, ninguém ousava dizer sequer uma palavra. Triste, mas não com o sentimento de desistência habitando meu coração, percorri todos os locais que podia.

Então, fui à igreja buscar o reconforto da oração, onde encontrei uma religiosa que conhecia meu genro e sabia tudo a respeito dele. Ela compadeceu-se diante de minha aflição e me fez jurar que não a exporia senão ela seria obrigada a largar a ordem. Relatou-me os planos de meu genro e onde minha menina estava. Tentei de todas as maneiras libertá-la, mas não tive êxito. Os homens daquele local são corruptíveis e estão orientados por don Cortez."

– O que quer de nós? – perguntou Filipe.

– Por meio de um amigo muito influente no meio religioso, consegui uma carta de indulgência assinada pelo próprio Papa para libertá-la. Don Cortez, sabendo que eu descobrira seu plano, dissimulando para demonstrar à sociedade uma imagem de pai consternado, estimulou-me a ir buscá-la. Porém, ao chegar lá para retirá-la, disseram que de acordo com uma ordem emitida recentemente pelo papa, somente poderão ser libertos, mesmo aqueles que receberam indulgência, se um médico atestar que não há perigo de o herege transmitir alguma enfermidade contagiosa para alguém. Temem que tenhamos uma proliferação de doenças mais calamitosas do que aquelas com as quais já vivemos até agora. – Segurando as mãos de Filipe, continuou: – Por misericórdia, seja então esse médico e liberte minha criança.

Filipe permanecia em profundo silêncio e com o semblante sério e meditativo como de hábito. Após alguns instantes disse:

– Senhora, não se preocupe. Seguirei agora mesmo para o *Enciero de lo Arrependimiento* e farei tudo para trazê-la de volta. – Olhando para o primo, continuou: – Quero que fique aqui, pois só um de nós dois pode se ausentar.

– Esse relato tocou-me o coração – disse Antoine –, irei com a senhora. Poderei auxiliá-la no que for necessário. Além do mais, também fui treinado para a defesa.

– Dona Carmen, confiemos em Jesus, pois tenho certeza de que nossos amigos trarão sua neta de volta – disse Catarina com carinho. – Venha comigo, merece um descanso ao corpo e ao coração abatido.

Enquanto os demais buscavam seus afazeres, Filipe vestia seu casaco, quando Cecile aproximou-se:

– Trouxe algumas providências para que não passem nenhuma privação nas estradas.

Filipe não se desviava de seu olhar. De súbito, as lágrimas voluntariamente marcavam as faces da mulher. O médico abraçou-a apaixonadamente e com carinho lhe afagava as melenas. Emocionada, ela disse:

– Temo por você, assim como por meu irmão. Por misericórdia, prometa-me que voltará. Longe de você serei simplesmente alguém que morreu, mas que foi sentenciada à difícil missão de continuar vivendo.

– Minha querida, fui agraciado por Deus a conviver a seu lado. Por vezes, creio-me em sonho e temo despertar e acordar sem você. Todavia, sei o que significa um cárcere e não poderei deixar de ajudar uma inocente. Não importa onde eu estiver, viverei e sempre voltarei para você, mas agora tenho de partir. – Beijando-lhe as frontes, prosseguiu: – Rogo-lhe que não se preocupe comigo.

Cecile, com carinho, surpreendeu Filipe e leu um texto que trazia consigo:

Pequeno Diálogo de Jesus e o vendedor Tobias sobre o retorno à vida[31]

Vendedor Tobias: Serás em breve esquecido porque o homem não guarda na alma seus tesouros, mas sim em seus templos.

Jesus: Tudo passará menos meu nome. Os homens terrenos vivem preocupados com suas necessidades primitivas, com o acúmulo de riquezas materiais, com o ouro que passa, com a túnica bordada em linho puro, mas muitas vezes, se olvidam de Deus em sua plenitude. Buscam falar para muitos sobre meu Pai, mas em seu íntimo estão cheios de dúvidas, prontos para renunciarem à própria fé em razão de coisas mínimas (...) querendo tanto e não conseguindo nada. Quantas vezes se sentem sozinhos, porque o egoísmo lhes faz companhia. Meu Pai, escuta pacientemente as preces daqueles que oram resignados e ordena um novo recomeço.

Tobias: Falaste de muitas vidas e outros recomeços. Dize-me, então, como viverei em cada vida todas minhas existências?

Jesus: Mesmo sendo filho de muitas vidas, ela é uma só em cada encarnação. E em cada encarnação a oportunidade de sermos felizes, porque somos filhos de Deus, que seguem o que digo sobre o Reino dos Céus e a transformação de cada coração. (...)
Tobias: O que devo fazer para aprender as coisas que dizes? Uma parte de mim crê, outra, porém, diz para ignorar e retornar ao trabalho.
Jesus: O que está em ti te perturba. Não te creia só. No oculto também habitam filhos de Deus, aqueles que morreram e hoje vivem no mundo que não podes ver, pois não repousam no túmulo os mortos. Porque eles estão vivos e aguardam um dia retornar (...) Portanto, deves ouvir a voz de meu Pai, que fala por mim.

– Meu carinho – disse Cecile –, viverei esta e outras existências e em todas elas estará em meu coração.

Filipe a abraçou apaixonado e logo após partiu com Antoine visando honrar o compromisso assumido.

Capítulo 11

Do sofrido cárcere ao encontro do amor

Após longa e exaustiva viagem, chegaram ao destino e foram recepcionados por um homem que montava guarda. Após as devidas identificações, foram encaminhados para um salão onde um frei visivelmente atormentado, apresentando visíveis sinais de desequilíbrio, apresentou-se:

– Chamo-me irmão José. Sou o sacerdote responsável pela libertação destas almas decaídas que são encaminhadas para cá em busca de salvação. Em que posso auxiliá-los?

Filipe, com poucas palavras, explicou-lhe os fatos e, imediatamente, entregou-lhe o termo de indulgência. Após breve leitura, caminhando nervoso pelo recinto, o frei disse:

– Não ouso contradizer uma ordem papal, mas acredito que esta mulher não deveria ser solta. Representa grande perigo, pois está envolvida pelos mistérios da feitiçaria. Seu comportamento agressivo muito se assemelha ao das bruxas que por aqui passaram.

– Secando o suor do rosto e demonstrando desconfiança prosseguiu: – Infelizmente, preciso que um médico comprove que ela não está chagada pelo "mal das trevas".[32]

– Eu sou médico e conheço a lei do tribunal de Barcelona – disse Filipe mantendo uma feição séria e uma voz forte. – Vamos, não tenho tempo a perder, leve-nos imediatamente até ela.

– Senhor, perdoe-me a desconfiança. Espero que o nobre homem compreenda, mas tivemos de usar de alguns procedimentos corretivos de conduta e fomos obrigados a mantê-la emparedada[33] para conter-lhe a fúria. Levá-los-ei até onde ela está.

O cenário denunciava sofrimento e tristeza. A pouca claridade iluminada pelas lamparinas que traziam nas mãos e o odor fétido misturavam-se com a umidade, enquanto se ouviam, naquele ambiente, gemidos inenarráveis. Atônito, Antoine disse:

– Por Deus! Como pode existir um lugar assim? Homens e mulheres parecem mais animais do que propriamente seres racionais.

Ao depararem com a jovem que buscavam, imediatamente Filipe aproximou-se iluminando-lhe as faces com a pouca luz disponível. Nora permanecia desfalecida devido aos diversos ferimentos que lhe tomavam o corpo, resultado das torturas a que fora submetida. Enquanto isso, sua feição cansada e abatida despertava compaixão em todos. Ao soltar-lhe os pulsos das algemas, o médico fez com que despertasse.

Mesmo diante de grande suplício, os cabelos negros em desalinho ressaltavam seus grandes olhos azuis que pareciam pedacinhos do céu, enquanto seus lábios grossos e pálidos destacavam seu rosto fino, fazendo todos a acharem uma mulher esguia e bela.

Todavia, naquele momento, assemelhando-se a um pássaro amedrontado, tentava libertar-se das mãos amigas. Compreendendo a atitude dela, o médico agia com cautela, demonstrando carinho:

– Calma, não lhe farei mal algum. Permita-me ver suas costas.

Após ganhar-lhe a confiança, ele lentamente abriu a túnica velha que ela vestia. Com os olhos vertendo lágrimas de compaixão, deparou com diversos ferimentos que estavam em carne viva.

– Maldito seja este lugar e suas leis – disse Antoine revoltado, ensaiando lançar-se contra José. – Vejam o que fizeram com a pobre mulher!

– Meu jovem, contenha seu ímpeto – disse o médico com firmeza. – Não seja tolo, lembre-se de que ainda estamos em um lugar protegido pelas leis da Igreja e não é lícito atitudes impensadas; senão a situação ficará pior. – Com a situação controlada, diagnosticou: – Ela não carrega nenhuma chaga contagiosa. Vamos, temos de sair daqui o mais rápido possível.

Retirando o casaco, colocou-o sobre os ombros da jovem. Antoine, com força e cuidado, colocou-a em seus braços tal qual uma criança acomodada no colo de um pai. Sem sustentar discussões, despediram-se, acomodaram-se na carruagem e partiram.

No caminho de volta, enquanto Filipe cuidava de Nora dentro das limitações do momento, Antoine disse preocupado:

– Ela está muito ferida, mas rogo a Jesus que consiga realizar um milagre com seus conhecimentos médicos, pois espero que ela suporte os maus-tratos que sofreu. – Olhando-a fascinado, prosseguiu: – Algo muito forte leva-me a crer que já nos conhecemos em alguma de nossas existências.

Filipe, compartilhando e compreendendo o amigo, solicitou-lhe parar nas proximidades. Ela, acordada, gemendo de dor bebeu a água oferecida pelo médico. Após examiná-la com maior atenção, acariciando-lhe as madeixas disse:

– Talvez me odiará pelo que terei de fazer com você agora, mas muitos de seus ossos estão fora do lugar e, se eu não os colocar no lugar, nunca mais será a mesma. Não poderei impedir que sinta dor e se resistir a ela, acredite, continuará viva, saudável e com poucas deformidades em suas mãos.

– Senhor – disse corajosamente –, faça o que tem de fazer, pois meu maior desejo é viver.

Após as orientações de Filipe, Antoine segurou-a com firmeza. A cada procedimento que o médico executava para corrigir-lhe a ossatura, os gritos sofridos ecoavam por todo aquele ambiente. Surpreendendo a todos, Nora suportou os atos do médico com coragem, mas, devido aos martírios sofridos, desfaleceu exaurida. Ele não poupou esforços para auxiliar a jovem e, após muito empenho, ela abriu os olhos expressando a luz de gratidão, pois permanecia em silêncio, naquele momento, já que não tinha palavras para expressar seu sofrimento. Sorrindo timidamente, Filipe segurou-lhe o queixo e disse:

– Você é bem forte e agora sim posso afirmar que suportará bem a viagem. Descansa um pouco para que possamos continuar. Procuraremos um local para pernoitarmos e pela manhã seguiremos nosso destino.

Enquanto Nora mergulhava em sono profundo, ao perceber que Antoine não disfarçava o incômodo que estava sentindo, Filipe disse:

– Meu caro, diga-me por que está atormentado?

– Não consigo desvencilhar-me daquelas imagens do cárcere. Quanta insensatez! Como aceitar a existência de um lugar como aquele? – Olhando para Nora prosseguiu: – Tampouco suporto olhar a situação desta mulher. Como não somos filhos de uma única existência, uma questão atormenta minha mente: o que ela teria feito em outra existência para receber tamanha sentença?

– O Senhor, por compaixão, não permite que tenhamos acesso ao nosso passado. A cada vida, o início de novo aprendizado e restauração de nosso próprio eu. Pela lei de Deus, a existência de cada um de seus filhos deve ser sentida e entendida tal qual um dia após outro e nenhuma semelhança haverá entre eles. A vida deve ser entendida da mesma forma, independentemente de sermos o resultado de muitas experiências. Sejamos pacientes, vivendo um dia por vez, aprimorando o que somos e transformando as nossas imperfeições sombrias em luzes.

"Infelizmente, a fé irracional aprisiona a mente nos martírios da ignorância e do sofrimento. A cada um de nós foi reservada uma grande oportunidade de revermos, em totalidade, o que somos. Sobre nossos ombros podem estar os pesos de um passado alicerçado na ignorância e na insensatez. Recordemos que 'Mas agora o meu reino não é daqui'.[34] Então o espírito de sacrifício e de renúncia também se expressa através de nós.

Eis um dos motivos de voltarmos à vida: nossa transformação para a luz. Todavia, antes de encontrá-la, devemos enfrentar as sombras que residem em nós mesmos e aquelas que cultivamos ao longo de nossa existência."

Retirando um texto de seu bolso, prosseguiu:

– Antes de partirmos, Cecile deu-me esta tradução. Vejamos se aqui encontramos algumas respostas:

JESUS A CAMINHO DE BETÂNIA ENCONTRA UM RABINO[35]

(...) Naquele dia, Jesus que estava a caminho de Betânia, parou para refrescar-se (...). Com ele, Bartolomeu, João e Pedro também o acompanhavam, quando um rabino chamado Elias, aproximou-se:
Elias: (...) Teu nome é conhecido no Templo e por muitas paragens. Dizes coisas que muitas vezes conflitam com as leis de Moisés. Disseste que os nomes citados nas Escrituras foram enviados pelo Senhor e já viveram muitas vidas além daquelas as quais trouxeram a sabedoria celeste ao chão. Como um corpo morto pode levantar-se do sepulcro? Como esquecemos, então, o que fomos?
Jesus: Ninguém está isento da morte ou de nascer de novo. Meu Pai, que é bondoso e pleno em compaixão, permitiu que seus filhos que já viveram outras vidas, retornassem à Terra para novas experiências que lhes trouxessem mais sabedoria. Asseguro-te que Daniel e muitos outros renasceram muitas vezes para trazer a luz à Terra antes de minha chegada e preparar minha vinda.
"O resultado (...) de cada existência é o fruto de obras boas e más realizadas outrora (...) e a partir disso será oferecida nova

oportunidade de recomeço. Passarão os céus, os pássaros, os ventos, mas não morrerá quem viveu e quem morreu voltará em um novo corpo.
A carne depende do espírito e o espírito depende da carne para transformar sua essência (...) em luz. O que nasce novamente não é um corpo inerte consumido pela Terra, mas sim o espírito, que, cheio de vida, volta em outra matéria, em outros ventres.
Deus, conhecedor de todas as coisas, não permite as lembranças do passado (...) para que elas não perturbem o presente. Todo o aprendizado de ontem não é desperdiçado (...), mas melhorado e aperfeiçoado (...) por meio das obras e construções que cada filho de Deus (...) realizar em nome de meu Pai.
Por intermédio da lei celestial é outorgada a cada nova existência inteligência suficiente para poder escolher com maior precisão os caminhos do bem ou do mal. As lembranças do passado são mais precisas para aqueles que estão mais próximos das verdades e sabedoria de Deus."

Antoine ouviu aquelas palavras sem desviar o olhar de Nora e, enquanto os primeiros ventos noturnos e frios sopravam, aquela carroça colocou-se em marcha visando encontrar um local para pernoitar.

Após difícil e longa viagem, chegaram à residência de Filipe.

Yasir, ao escutar o barulho dos cavalos, imediatamente foi ao encontro do primo acompanhado por dona Carmen.

– Aguardávamos ansiosos o vosso retorno. – disse Yasir – Temíamos que pudesse ter acontecido algo.

– Minha neta querida – disse entre lágrimas –, o que fizeram com você?

Filipe, percebendo a comoção da veneranda, pôs a mão direita no seu ombro:

– Ela ficará bem. Por ora é melhor que fique conosco para que possamos auxiliar Nora.

Ela abraçou-o e prosseguiu:

– Serei eternamente grata pelo que fez por nós. Somente o filho do bondoso Esteban poderia agir com tamanha abnegação.

Antoine, sem esconder o encantamento pela recém-chegada, com cuidado colocou Nora em seus braços e, sem demora, entrou em casa e acomodou-a em um leito.

Neste ínterim, Yasir encaminhou-se para a cavalariça objetivando propiciar aos cavalos o descanso necessário.

Sustentando uma expressão de felicidade, Cecile correu, em silêncio, para abraçar Filipe que, tais quais cúmplices daquele instante, dividiam os sentimentos de um amor maduro que, ao certo, havia criado profundas e eternas raízes no coração dos dois.

Capítulo 12

Da cura libertadora à união dos corações

Dois dias passaram desde a chegada de Nora. Filipe e Yasir se dedicavam aos cuidados com a jovem, que não escondia os sofrimentos decorrentes de diversos ferimentos e de uma inesperada febre que também massacrava seu corpo frágil.

A preocupação de dona Carmen era evidente. Catarina e Cecile acolheram-na com carinho e, entre essas mulheres, heroínas anônimas da história, grande e inquebrantável amizade unia-lhes a alma.

Enquanto isso, Morilo prosseguia com as traduções e as reproduções dos textos e mantinha-se comprometido com as obrigações que as aulas lhe exigiam.

Antoine, despojando-se de seus sonhos de lutas por igualdades sociais e manifestação de uma fé livre, colocava-se na condição temporária de guardião de Nora. Sem sair um só instante do lado de Nora acompanhava todos os procedimentos médicos executados pelos amigos.

Naquela manhã, para alegria de todos, a jovem reagia e a febre foi vencida pela dedicação voluntária daqueles filhos de Deus. O brilho de seus grandes olhos azuis demonstrava melhora aparente. Filipe e Yasir comemoravam timidamente sua recuperação enquanto dona Carmen não escondia a felicidade e, sentada ao lado da neta, acariciava-lhe as madeixas.

– Vejo que você está bem melhor – disse Filipe carinhosamente –, é uma grande guerreira apesar da pouca idade. Venceu os verdugos e, em breve, estará em pé pronta para continuar sua vida.

Em um gesto de gratidão, segurou firme a mão do médico, beijou-a e disse:

– Você foi o socorro que Jesus encaminhou no momento de meu suplício. Pela primeira vez em minha vida me senti amparada e segura, como uma filha em sofrimento que é resgatada por um pai amado. Não saberei explicar, mas aqui me sinto como se estivesse entre velhos amigos.

– Minha criança adorável – interveio Carmen –, concordo com você, todos deste solar são muito caros. Cheguei a pensar que não resistiria, mas, como sempre, revelou a fortaleza que habita em sua alma. Mesmo sendo tão jovem resistiu aos maus-tratos. – Secando a lágrima tímida prosseguiu: – Acredita que fiz tudo o que podia para não sofrer estes martírios, mas infelizmente fui incapaz de conter a ira de don Cortez?

– Vovó, não se martirize comigo, tampouco sinta culpa ou remorso pelo que passei. Sinto-me melhor e sei que em breve estarei em pé. Acredite, também cheguei a pensar que não resistiria. Todavia, quando deparei com Filipe e Antoine, senti uma força em meu peito como se já os conhecesse. Quanto a meu pai, pretendo estar mais forte para poder pensar o que farei com o meu futuro.

– A juventude é uma dádiva – disse Yasir sorrindo –, portanto não devemos abusar. Agora é melhor repousar.

Em um período de trinta dias, Nora, restabelecida, libertava-se do leito. Para surpresa de todos, Antoine e a jovem permaneciam inseparáveis. Pela primeira vez, o impetuoso francês entregava-se aos encantos femininos serenando e, ao mesmo tempo, aquecendo sua alma livre.

Nora, por sua vez, correspondia-lhe a todos os ensaios amorosos dividindo-lhe os semelhantes sonhos e ideais que residiam no coração de ambos.

Naquela noite, durante a ceia, dona Carmen com um semblante preocupado, disse:

– Não sei como poderei agradecer a todos pela acolhida calorosa que eu e minha neta recebemos aqui. Entretanto, chegou o momento de voltarmos para nossa residência.

Nesse ínterim, ocorreu uma inesperada inquietação naquele ambiente. Nora imediatamente interveio:

– Vovó, jamais ousei lhe desobedecer, mas rogo que não me peças para voltar. Se os médicos e os demais permitirem, desejo ficar aqui, até poder decidir para onde irei.

– Minha querida, você sabe muito bem que isso será impossível. Seu pai tem muitos contatos e colocou seus homens para seguir meus passos. Ontem um mensageiro esteve aqui e entregou-me uma carta de don Cortez solicitando-nos o retorno. Além do mais, agora que sabe que você está melhor, insistiu em teu consórcio com o fidalgo de Aragão. – Visivelmente nervosa, prosseguiu: – Não suportarei mais martírios contra você. Desejo paz, e você sabe muito bem que não concordo com as atitudes dele. – Após breve pausa prosseguiu: – Temo por você. Perdoe-me, mas cheguei a pensarque, talvez, se você acatasse essa ordem, ele acalmaria a ira e nada faria contra você.

– Jamais me casarei com alguém que nem sequer conheço para atender à insanidade de meu pai. Estou disposta a morrer para não aceitar essa situação. – Olhando para Antoine prosseguiu: – Minha felicidade está aqui e por nada permitirei que ela seja retirada de mim.

Retirando-se apressada, seguiu para a varanda em busca de ar fresco. Instantes depois, Antoine repetiu o gesto. Enquanto isso, visivelmente desesperada, dona Carmen continuou:

– Omiti de minha neta, mas ele jurou que a matará se ela não aceitar esse casamento e também se não obedecer às suas ordens. Não sei o que devo fazer. Percebi que ela enamorou-se de Antoine. Apesar de admirar esse jovem, creia, esse amor será impossível.

– Não conheço don Cortez – disse Filipe –, todavia creio que ninguém conseguirá impedir o amor entre eles. Compreendo suas preocupações, mas nos resta somente aceitar essa verdade e não nos opormos diante do sentimento deles. Não podemos interferir nos fatos do futuro. Faremos tudo o que pudermos para orientá-los, mas afirmo que não poderemos contê-los.

– Falarei com meu irmão – disse Cecile olhando para Filipe. – Estás correto em tuas afirmações. Antoine sempre foi muito decidido e jamais desistiu de algo. Pela primeira vez, vejo-o tão envolvido por alguém. Farei o que for possível para que tenham paciência. Entretanto, mesmo parecendo a todos nós pouco tempo de vivência entre ambos, para eles esse encontro parece o resultado de muitas, muitas existências.

Naquela mesma noite, enquanto o silêncio anunciava que os demais repousavam, Antoine permanecia pensativo na varanda, quando Cecile aproximou-se:

– Meu querido irmão, sabe bem quanto te amo. – Acariciando-lhe a face continuou: – Compreendo o momento, mas não permita que suas decisões sejam impelidas pelas linhas da insensatez.

– O que quer que eu faça? Desistir de Nora? Por misericórdia, não me peças isso, pois, senão, morrerei. Pela primeira vez encontrei o caminho para minha felicidade, pois nos amamos.

– Não lhe pedirei para abandonar seus sentimentos, mas sim que esteja atento às manobras de don Cortez. Ele não aceitará que vocês se casem e pelo que ouvimos das histórias relacionadas a ele, somente podemos esperar o pior. – Pensativa, após breve pausa, prosseguiu: – Talvez esteja me preocupando em demasia com você e demonstrando esse excesso de zelo. Quero que seja feliz, pois Nora é, de fato, adorável, mas como conheço você muito bem e sei que jamais renunciará a um desejo seu, apenas quero que aja com razão mesmo que os sentimentos falem mais alto, e que não se precipite.

– Lutarei, se necessário for, até a morte para que estejamos juntos até o final. Ela é o ar que respiro e pertence à minha alma. Não posso retirá-la de meu coração. Agradeço sua compreensão, pois sempre esteve ao meu lado.

Abraçando-o em silêncio, instantes depois Cecile retirou-se, deixando Antoine perdido em seus pensamentos.

Já era noite alta, mas Antoine ainda permanecia na varanda, tentando aliviar seu coração aflito, enquanto os demais já haviam se recolhido, quando Nora aproximou-se e abraçou-o apaixonadamente. Retribuindo-lhe o carinho, ele procurou se inteirar das preocupações dela:

– Minha amada, prometo-lhe que ninguém nos separará. Quero que se case comigo, assim seu pai não poderá fazer nada contra nós.

– O que mais quero é ser sua esposa, mas não se engane em acreditar que algo possa conter a fúria de meu pai. Somente por contradizê-lo fui obrigada a sofrer aqueles impiedosos martírios. O que faremos?

– Fugiremos, nos casaremos em sigilo e quando retornarmos, ninguém mais poderá fazer nada contra nós. Esta é a única maneira de ficarmos juntos. Iremos para um lugar nas proximidades de Andorra na fronteira com a França. Apesar de não poder voltar para lá, conheço alguém que poderá conceder os votos sagrados. Somente falaremos para todos quando estivermos casados.

– E minha avó, sua irmã, os médicos e todos que residem aqui?

– Se não fizermos isso, não conseguiremos ficar juntos. – Segurando-lhe os braços, prosseguiu: – Acredite em mim, eles nos aceitarão, mas precisamos partir ainda esta noite.

Vinculados aos sonhos juvenis, permaneceram juntos acertando os detalhes de seu consórcio, levando no coração os sonhos e a esperança do início de uma nova vida.

Na manhã seguinte, o Sol estava imponente e radiante. O céu azul estava bordado por poucas nuvens e, para os olhos de quem o visualizava, a visão não era perfeita.

Enquanto Catarina e Cecile descontraidamente preparavam o desjejum, escutaram a voz desesperada de dona Carmen.

Sem perda de tempo, elas e os demais correram para saber do que se tratava. A veneranda senhora, sentada em um assento próximo à porta principal, permanecia com a cabeça baixa, escondendo as faces entre as mãos, permitindo a todos escutar os seus soluços dolorosos que ecoavam por todo aquele ambiente. Enquanto isso, no chão, uma carta denunciava o motivo de tamanho desespero.

Yasir, com respeito, apanhou a carta e leu-a em voz alta:

"Minha amada vovó, sei que quando esta carta chegar às suas mãos e de todos os que residem neste solar, os quais são para nós parte de nosso coração, eu e Antoine estaremos longe.

Conheço seus temores quanto aos fatos que me cercam e, sobretudo, meu pai, mas não poderei aceitar uma união baseada no querer ignóbil de don Cortez. Amo Antoine e por esse amor fomos compelidos a partir.

Entretanto, retornaremos em breve. Não guardem em seu coração angústias ou preocupações. Estamos bem.

Rogo somente que me perdoe, assim como Antoine roga o perdão de Cecile e dos demais. Todavia, se tivéssemos permanecido aí, meu pai não demoraria em me sentenciar a uma terrível infelicidade.

Não esperamos que, de pronto, nos compreendam, mas precisamos, sem hesitações, de suas valorosas preces porque sem elas, ou sem os seus amores, não somos nada.

Nosso coração continua sendo de todos.

Nora e Antoine"

– Oh, Senhor – disse dona Carmen desesperada –, rogo por essas crianças e as entrego nas mãos de Jesus.

– Senhora – disse Yasir com carinho –, por ora nada há o que fazer senão esperarmos. Entreguemos nossos temores nas mãos do Senhor e sigamos adiante.

– Sim, concordo contigo – disse Filipe abraçando Cecile, que não escondia a preocupação. – Ambos nos suplicaram preces, então isso é o que nós devemos fazer e aguardar.

Depois de quinze dias, no início da noite, o som de dois cavalos anunciava a chegada de alguém.

Yasir, identificando os recém-chegados disse:

– Por Deus! Antoine e Nora retornaram.

Os jovens não escondiam a felicidade e foram recebidos entre abraços e feições preocupadas. Dona Carmen abraçou a neta com carinho solicitando notícias sobre sua saúde.

Após as saudações, dona Carmen anunciou a todos que na manhã seguinte partiria. Nora, apreensiva, buscava em Antoine coragem para relatar a verdade. O jovem, interrompendo o silêncio momentâneo, disse:

– Senhora, sinto, mas Nora não poderá seguir em sua companhia.

– Meu irmão – disse Cecile tentando romper as tensões que invadiam o ambiente –, o que diz? Já fez coisas demais, elas necessitam retornar e não nos é lícito impedir.

– Ora, meu filho – interveio a veneranda –, qual a razão de minha neta não poder vir comigo?

Após breve pausa, buscando coragem, respondeu-lhe:

– Eu e Nora nos casamos há dois dias.

– Que diz? – interveio a veneranda. – Não pode ser verdade! Ambos estão ensandecidos. A mim me parecem apenas duas crianças brincando de serem adultos.

– Perdoe-nos omitirmos de todos, temíamos que nos impedissem a ação e por isto partimos. Agora Nora é minha esposa e estou disposto a enfrentar o que for necessário para nos mantermos juntos.

Um pequeno conflito iniciou-se no recinto. A veneranda levou a mão direita ao rosto tentando secar o suor.

– Oh, Deus, então estão casados? O que poderei fazer agora senão voltar o mais breve possível para tentar conter a ira de don Cortez? Conhece bem seu pai, ele jamais perdoará tamanha afronta! – Suspirando visivelmente preocupada prosseguiu: – Ele age tal qual uma serpente, aguardando o momento certo para ferir. Sabe muito bem que pode passar o tempo, mas de algum modo ele agirá contra você.

Afetuosamente, Nora abraçou a avó, beijou-lhe a testa e, em seguida, disse:

– Sempre ocupou a posição de mãe adorada e amiga fiel. Não espero que entenda meu ato como uma simples afronta a meu pai. Amo Antoine, esta é uma verdade a qual não posso desprezar. Não voltarei com a senhora e tampouco quero reencontrar don Cortez. De agora em diante, seguirei meus passos, mesmo que isso me possa custar dores ou sofrimentos.

Nesse ínterim, Antoine aproximou-se da esposa. A veneranda, não contendo as abundantes lágrimas, abraçou a ambos. Sem dizer mais uma só palavra, o jovem casal retirou-se.

Yasir, percebendo o desespero de dona Carmen, disse:

– A senhora é uma mulher destemida e seus olhos ressaltam a grandeza de sua alma. Sua neta se parece muito com a senhora. Não conheço seu genro, mas o que resta senão orar para que eles sejam felizes? – Retirando um dos textos traduzidos do bolso de seu casaco, prosseguiu: – Nobre mulher, eis as palavras do grande Sábio da humanidade, Jesus:

Jesus e a romana – pequeno diálogo sobre coragem[36]

Jesus, o "meshiha"[37], que estava nas redondezas de Jerusalém, após ter falado a um agrupamento, atravessava uma de suas vias estreitas, acompanhado por Bartolomeu e André. Então, deparou com uma nobre romana, sentada em uma escadaria, escondendo o rosto sofrido entre as mãos, enquanto uma serva consolava-lhe o coração. Ele aproximou-se e disse-lhe:

Jesus: (...) Sei quem tu és e também a causa de tuas aflições. Tuas orações banhadas de lágrimas foram ouvidas por meu Pai. Portanto, não coloques o sofrimento acima das leis celestiais. Bem-aventurado aquele que não coloca no túmulo suas esperanças, mas encontra na fé a coragem para se levantar e seguir adiante. O pranto de agora será amanhã a libertação dos filhos de Deus, aqueles que amamos.

"A vitória da vida está na esperança e na transformação de cada um (...) mesmo que muitas vezes o silêncio do sepulcro cale nossos lábios, (...) fazendo com que não compreendamos a nós mesmos.

Meu Pai, Aquele a quem amo e honro, é o conhecedor de todas as vidas que se sucederam a esta. Os impérios de hoje estão fundamentados nas estruturas (...) de um passado longínquo. Homens destes impérios renasceram, fazendo destas leis suas lembranças e suas tiranias. És uma filha bendita, apesar de tuas recordações do pretérito, por agora, estarem silenciadas, foste escolhida para experimentar as dores do teu presente, amar os senhores que compõem as páginas de teu império, de tua vida.

Eles, em breve, marcharão por amor a mim. Então, oh mulher! Levanta-te e não chores a ausência da filha que te foi sacada dos braços pelas mãos daqueles que estão distantes de mim. Não há morte na vinha do Pai, eis a verdade soberana a nós; viveremos além do que vemos e encontraremos amores edificados nos laços eternos que se vinculam (...) por entre tantas existências.
Oh, mulher! Levanta-te porque escolhida possuis a missão de encaminhar a mim aqueles os quais amas e que também foste olvidada (...)."

Com preocupações evidentes, todos respeitavam dona Carmen que, carinhosamente, beijou as faces dos jovens e, com breve lágrima cristalizando-lhe as faces, abençoava-os.

Alguns dias depois, dona Carmen foi acomodada em uma carruagem que a levaria de volta para sua residência no Sul. Nora, emocionada, ao lado de Antoine, despediu-se:

– Vovó, agradeço por ter aceitado minha escolha. Amo Antoine e seremos felizes. Não temo meu pai nem ninguém. Agora seguirei meu destino aqui e estou disposta a enfrentar qualquer tormenta em nome de minha união.

– Minha menina, enfim cresceu. Nada posso fazer senão aceitar esta realidade. – Secando uma lágrima discreta, continuou: – Sempre destemida. A vida para mim está chegando ao fim e a sua apenas se iniciando. Entrego seu coração e seu esposo nas mãos do Senhor. – Olhando para Antoine, prosseguiu: – Por misericórdia, tenham cuidado. É o guardião de meu maior tesouro, minha neta.

– Que Jesus acompanhe em sua viagem – disse Filipe. – Saiba que sempre será bem-vinda neste solar.

– Se seu pai estivesse aqui teria muito orgulho de você. Levo-a nas linhas de meus melhores sentimentos e gratidão.

Neste ínterim, Catarina e Cecile aproximaram-se. Segurando-lhes as mãos, a veneranda disse:

– Minhas queridas, jamais me esquecerei de nossa amizade. Assim que cumprir minhas obrigações, pretendo voltar.

– Creia, seu semblante repousa em minhas orações – disse Catarina. – Aguardaremos ansiosos seu retorno para muito breve.

– Copiei para a senhora alguns textos aos quais mais se afeiçoou enquanto esteve aqui – disse Cecile. – Pode levá-los para que eles a consolem em sua viagem.

Dona Carmen acariciou-lhe as madeixas e interveio:

– Seus olhos são jovens e sua expressão faz me recordar da inocência de uma criança. – Após profundo suspiro, continuou: – Apesar de partir levando em meu peito o sofrimento em virtude do consórcio de minha neta com seu irmão, não julgo o ato de ambos. Creia, apesar de estar velha, a vida me ensinou algo que se confirmou por intermédio de Nora. Para sermos felizes, muitas vezes temos de nos arriscar, mesmo que isso nos traga tristes conseqüências. Não devemos jamais desistir de um grande amor. Ele, o amor, não repousa no coração de ninguém no dia anterior, ele chega no momento certo, quando estamos mais maduros para compreendê-lo. Portanto, não devemos abdicar jamais do direito de sermos felizes.

Cecile sorriu timidamente enquanto uma lágrima emocionada marcou-lhe a face. Sem perda de tempo, o condutor fez com que os cavalos iniciassem a marcha, enquanto as emocionadas despedidas ainda eram sentidas por todos.

Parte 2

"Sede diligentes, sem preguiça,
fervorosos de espírito, servindo ao Senhor,
alegrando-vos na esperança, perseverando
na tribulação, assíduos na oração..."

Romanos, 12: 11-13

"Senhor, suplicamos que
nos tolere pois quando aprendermos
a tolerar as mínimas coisas, aprenderemos
a conviver com os diferentes mestres
de nossas vidas."

Tiago

Capítulo 13

Entre preocupações, o difícil retorno

Após cansativa viagem, dona Carmen chegou ao seu destino, à residência de don Cortez.

Ao descer da carruagem auxiliada pelo condutor, parou alguns instantes e orou silenciosamente suplicando coragem ao Senhor para enfrentar o genro tão difícil no trato.

Adentrando o luxuoso salão, foi imediatamente atendida pelos serviçais que, felizes e com semblante aliviado, recepcionaram a veneranda.

Entre os diversos trabalhadores daquele solar, um chamava a atenção. Era Rodriguez, um confiável ancião espanhol que servia dona Carmen havia muitos anos e permanecia ali, mesmo contra a vontade de don Cortez. Com visível alegria, saudou-o e após trivial conversação, disse:

– Meu caro amigo! Sempre bondoso comigo. – Após profundo suspiro prosseguiu: – Desde tempos remotos estamos juntos.

Quando envelhecemos, vivemos em demasia as lembranças do passado. Neste período durante o qual estive ausente, recordei-me muito do passado, especialmente, o dia em que papai apresentou-me a você dizendo que seria aquele que me serviria e me auxiliaria nas letras. Como éramos jovens! Cheguei a acreditar que iria embora, mas não, permaneceu ao meu lado em uma condição muito especial. Por isso lhe sou grata.

– Sabe muito bem bem que não poderia ausentar-me daqui. – Com um semblante meditativo, Rodriguez continuou: – Além do mais, oportunidades para partir não me faltaram, mas algo além de meu entendimento impedia-me a ação. Então decidi não mais lutar contra o destino e me mantive aqui. Para mim, um homem sem ninguém, ver os anos passar com você foi um presente que recebi do Senhor. Já vivenciamos muitas histórias e em cada uma me sinto confortado. – Alterando o rumo da conversação disse: – Todos estavam preocupados com você e com Nora. Conseguiu encontrar o médico, filho de Esteban?

Dona Carmen relatou-lhe brevemente todas as ocorrências vividas e concluiu:

– Minha neta está bem graças à generosidade de Filipe. O filho de Esteban reflete a sua bondade e seu amor ao próximo. Nos dias em que lá estive, senti-me como se estivesse em família. Trago no coração cada feição amada e por alguns instantes hesitei retornar para este martírio. – Pensativa, continuou: – Aqui temos todo luxo e riquezas, mas não possuímos o mais importante: uma família alicerçada no amor e no respeito, como presenciei entre aqueles com quem convivi por tão pouco tempo.

– Perdoe-me, mas percebo que está aflita. Seus olhos a denunciam.

– Nunca consegui esconder nada de você. – Andando pelo recinto prosseguiu: – Preparo-me para enfrentar a fúria de meu genro, especialmente quando souber que Nora casou-se sigilosamente com um jovem francês, chamado Antoine.

– O que está dizendo? Ela se casou sem a autorização do pai? Que Jesus se compadeça de todos nós. Por dias, don Cortez anda mais nervoso que o normal, gritando muitas coisas contra você e a filha. Convocou para acompanhar seus passos alguns amigos do Sul, entre eles aqueles vinculados ao clero, que ajudaram a mandar Nora para aquele suplício.

– Sempre me calei diante das terríveis atitudes de meu genro. Todavia, nos dias em que estive com a família de Esteban, tive oportunidade de repensar sobre minha vida. – Pensativa, continuou: – Não ousei contradizer Nora porque talvez tenha chegado o momento de enfrentar corajosamente don Cortez. Confiemos no Senhor, pois agora nada poderemos fazer senão entregar aos céus nosso destino.

– Devemos estar atentos, pois don Cortez não é um homem brando e sua conduta inconveniente sempre o denuncia.

– Antes de partir, uma amiga chamada Cecile presenteou-me com estas preciosidades. A caminho daqui li por várias vezes, refugiando-me nestas linhas. Nestas páginas busquei e encontrei coragem para enfrentar meu destino e compreender que as diferenças dentro de uma família podem também estar reservadas às vidas que vivemos outrora. Escuta estas linhas:

Jesus e o centurião – elucidação sobre conversão[38]

Nas proximidades da Galiléia um centurião disfarçado aproximou-se de Jesus e disse:

Centurião: Homem que se diz de Deus, o que me dizes sobre conversão? Os homens com as mãos marcadas de sangue terão a misericórdia?

Jesus: Sei quem tu és (...). O mundo ao qual pertenço não é calçado no mármore dos césares, tampouco bordado pelos linhos que hoje fazem parte da toga dos senadores; não se estabelece nos tronos dos reis que passaram antes de mim, mas sim, no coração dos homens e na mente daqueles que se convertem por inteiro.

"Aqueles que possuem marcas nas mãos também possuem marcas em seu espírito e a eles será concedida, por misericórdia, a reencarnação como meio de transformação. Todavia, enquanto colocarem as causas mínimas da vida corpórea acima da vontade de Deus, entre desculpas ou falta de tempo, não perceberão as ocasiões de escolherem com maior precisão.

A vida avança além do limite do olhar; (...) o espírito não morre com o corpo. Mesmo que uma lança atravessar seu peito, perecendo, haverá outros corpos que servirão de morada ao espírito. Enquanto estiverdes voltados somente para as causas de aparência, às guerras, para aquele querer 'imediatista', (...) para aquelas respostas prontas e imediatas, estareis cultivando o reino da terra e não o reino que pertence ao meu Pai.

Muitos que se converterão nesta vida sentirão a dificuldade de retornarem aos lares e, cheios de esperanças, encontrarão a cólera e desejarão modificar aqueles que ainda não estão preparados para receber as minhas palavras.

Todavia, voltando em outras vidas, se arrependerão e a eles serão dadas as oportunidades de transformar treva em claridade, pois a transformação de cada filho de Deus é lenta. O Senhor que está nos céus compreende e não cobra; não impõe seu amor, mas espera e ensina, porque sabe que todos se converterão no momento preciso e assim será concedida a liberdade para as mentes cristalizadas (...) em uma única existência.

Quanto antes (...) abandona a tua espada, repousa teu espírito de guerra e espera operante no Senhor, transformando suas conquistas passageiras em uma fé eterna, racional e duradoura.

Para que viva nova existência liberta-te e experimenta a paz por ter servido e honrado teus compromissos assumidos diante de Deus (...)."

– Senhora, escutei cada palavra que leu, mas me pareceram textos proibidos. Estou correto?

– Sim. Rogo-lhe sigilo sobre eles, pois não quero expor ninguém. Nenhum amigo de Cortez poderá saber da existência deles. Se, porventura, algo acontecer a mim, prometa-me que os devolverá à família de nosso saudoso Esteban e não permita que eles caiam em mãos erradas. Perdoe-me lhe solicitar isso, mas não tenho coragem de lhe pedir para destruí-los porque são muito preciosos.

– Não se preocupe, ninguém saberá de nada além de nós. Bem sabe que sempre poderá confiar em mim.

Um grande portal oferecia a bela visão de um jardim tipicamente espanhol e bem cuidado. Dona Carmen ao lado do amigo encaminharam-se para lá buscando refrescar-se e sentir um pouco de paz tão ausente de seus dias.

Capítulo 14

Don Cortez, perigosa realidade

Enquanto na residência de Filipe todos continuavam sua vida entre lutas e alegrias, no sul, um ambiente denso e preocupado marcava o solar de don Cortez.

Naquele fim de tarde, dona Carmen mantinha-se em seus aposentos, visivelmente apreensiva, e orava em busca de forças e sabedoria. Quando terminou suas preces, logo após, leu o seguinte texto que havia sido presenteado por Cecile:

JESUS: PEQUENA INTRODUÇÃO SOBRE OS MUNDOS HABITADOS[39]

> *(...) Jesus e João nas cercanias de Samaria descansavam da viagem e mantinham-se em conversação:*
> *João: Mestre, falaste que outros mundos existem além deste que nossos olhos vêem. Então, diz-nos, (...) por acaso todos se assemelham a este? Como explicar tantas diferenças juntas e tantos sofrimentos?*

Jesus: Teus olhos se restringem somente ao que vêem, mas os mundos de onde vimos impera a bondade de meu Pai. Não te detenhas somente nas dificuldades que são apresentadas em cada retorno (...). A morada de Deus não pode reservar-se somente aqui. Quando morremos, retomamos nosso verdadeiro eu, (...) nossa identidade é preservada e tudo o que aprendemos ao longo das diversas vidas é utilizado para nós e para contribuir com a transformação de todos os filhos de meu Pai para melhor.
"Em cada existência, é oferecida a oportunidade de reencontrar aqueles que participaram de nossos caminhos (...). Aqueles que estão longe de meu Pai e de meus ensinamentos não compreendem que não somos filhos de uma única vida. Os mundos estão organizados (...) de acordo com o aperfeiçoamento de cada um. Aqueles que ainda residem no primitivismo da alma habitam as moradas do Pai preparadas para eles e mesmo assim recebem a misericórdia e aqueles que residem no amor celestial (...) habitam o mundo de onde vim. Lá o amor e a bondade são soberanos e a sabedoria é o alicerce de nosso coração..."

Aproximando-se o momento da chegada de don Cortez, os serviçais corriam para preparar a ceia sem que nenhum detalhe faltasse ao gosto de seu senhor.

Enfim, o barulho dos cavalos anunciava que ele havia chegado. De súbito, um homem alto, magro, olhos negros, cabelos nevados, rosto fino delineado por fortes marcas de uma expressão fria e pesada desceu da carruagem e imediatamente encaminhou-se para o interior em passos firmes, retirando as luvas e o chapéu.

Ao adentrar o solar, como de hábito, sentou-se enquanto um servo servia-lhe um cálice de vinho. Neste ínterim, dona Carmen aproximou-se e, ao vê-la, ele disse:

– Ora, ora minha sogra – disse com ironia –, então resolveu me escutar e retornou. Espero que o tempo de reclusão tenha ensinado a Nora disciplina suficiente para que ela me respeite. – Dissimulando prosseguiu: – Você está sabendo que permiti que apelasse ao alto clero assim como ir pessoalmente buscá-la porque me considero um homem misericordioso. Além do mais, não poderia turvar minha imagem diante da sociedade.

– Deixe de mesuras. Sabe muito bem que forjou de maneira ilícita, com seus amigos corruptos, toda a acusação contra sua própria filha, por simples maldade e fanatismo religioso. Se não fosse a compaixão de alguns amigos meus ela estaria morta.

– Você é muito ousada. Sua filha também era assim, então sua neta não poderia ser diferente. Mas sob minhas leis ela me respeitará e fará tudo o que quero. Sabe bem que me uni à sua filha devido à imposição dos negócios de nossas famílias. Tanto eu como seu esposo garantimos nossas futuro somando ambas as fortunas.

Dona Carmen ouvia aquelas palavras em silêncio; mesmo sentindo que elas ardiam em seu peito, tentava não sustentar mais discórdias. Don Cortez, com severidade, prosseguiu:

– Vamos, traga-me Nora. – Molhando os lábios no vinho continuou: – Não tenho tempo a perder. Pede que ela venha ter comigo, pois tenho de definir rapidamente seu consórcio com o fidalgo do Sul.

Percebendo a delicadeza do momento, decidiu omitir-lhe os fatos e disse:

– Isso será impossível. Ela não voltou comigo. – Após alguns instantes pensativa, disse receosa: – Ainda está sob cuidados médicos. Além do mais, os próprios médicos não permitiram que viajasse, pois sua saúde suscita muita atenção.

– Espero que não esteja mentindo para mim – disse visivelmente nervoso e desconfiado. – Sabe bem o que faço com aqueles que ousam me contrariar.

Os serviçais escutavam aquela conversa em silêncio. Ciente de que nada poderia fazer, dona Carmen retirou-se.

Algum tempo depois, andando nervoso pelo recinto e tomado por uma enfermiça obsessão pela filha, don Cortez chamou um servo. Assim que um jovem franzino chegou, ele disse:

– Quero que vá até *Jerez de la Frontera*[40] e lá procure um homem chamado Sahir e lhe entregue esta carta. – Com os olhos vermelhos e brilhantes, continuou: – Será bem recompensado pelo seu trabalho.

Quando o servo saiu sem nada dizer, don Cortez, solitário e visivelmente perturbado, dizia palavras soltas no ar:

– Quero Sahir próximo de mim. Ele sempre executou meus planos e agora tenho certeza de que precisarei de seus préstimos.

Don Cortez, envolvido em seus pensamentos, não percebia que, no invisível, seres temporariamente distantes do amor de Deus lhe envolviam a mente e entre eles a forte personalidade de Victor manifestava-se liderando outras criaturas que obedeciam a todos os seus comandos.

Dona Carmen continuava omitindo de don Cortez a informação sobre o casamento de Nora. Naquele entardecer, entre as brumas densas, Sahir, um homem moreno, forte e com evidentes traços mouros, chegou àquela residência. Descendo com habilidade de seu cavalo, encaminhou-se rapidamente em direção ao salão principal onde um serviçal o recepcionou e o direcionou ao encontro com don Cortez. Ele, ao vê-lo, após as saudações, disse:

– Meu caro, quais são as boas novas? Fez o que lhe ordenei naquela carta? Foi a Barcelona? Diga-me, o que descobriu sobre Nora?

– Infelizmente, as notícias que trago não são boas. Sua filha se casou com um francês chamado Antoine e vive com a família dos médicos Filipe e Yasir. Pelo que pude constatar quando lá estive, deve desistir da idéia de casá-la com o fidalgo do Sul, pois parece que estão muito felizes.

Os olhos avermelhados de don Cortez não escondiam sua ira. Ele gritava como se estivesse manifestando um incontrolável ódio. Tempo depois, acalmando-se, tomou de uma só vez o vinho que lhe fora servido e esbravejou:

– Não seja tolo e não venha com essas expressões de felicidade. Aquela maldita! Suspeitei que algo estava acontecendo, no entanto jamais imaginei que poderia ser isso. Minha sogra omitiu-me este fato, mas ela será oportunamente punida em virtude disso. Não permitirei essa infâmia. Vingarei e, mesmo que não consiga honrar meu compromisso nos negócios, prometo que destruirei todos os que estão juntos nesse logro. Seja quem for o referido jovem, ele não viverá o suficiente para continuar com essa história ao lado de Nora. "Quero que fique nestas paragens, pois necessitarei novamente de você. Convocarei o bispo Armando de Segóvia[41] para ter comigo uma conversa. Precisarei de seus préstimos. Além de meu amigo íntimo, é atuante no tribunal de Barcelona. Além disso, ele também me deve muitos favores. Muitos trabalhos escusos já fizemos juntos. Ele não se omitirá em me ajudar com este caso. Tenho de pensar em um plano para que minha filha se case com o fidalgo, pois tudo o que tenho está em jogo. Se ela não se casar com ele, perderei minha fortuna devido às dívidas pessoais que contraí com ele."

Nesse momento, o ambiente foi tomado por um ar turvo e pesado. No invisível, seres sombrios tomavam o recinto e um especial chamava atenção. Era Victor, que, por meio de um magnetismo ostensivo, ligava-se à mente de don Cortez transformando-se em um único pensamento.

No mesmo ambiente, figuras iluminadas tentavam conter aquele agrupamento, mas nem sequer percebiam-lhe as presenças fraternas que depositavam nas mãos divinas aqueles corações temporariamente distantes de Deus.

Certa manhã, um serviçal anunciou a chegada do bispo Armando e de um jovem. Dona Carmen, preocupada, os recepcionou e imediatamente os acompanhou até a biblioteca onde don Cortez mantinha-se envolvido em seus negócios. Imediatamente, solicitou que a veneranda se retirasse para iniciar sua secreta reunião com o amigo. Don Cortez mirou o jovem com desconfiança, quando o bispo lhe disse:

– Este é Diego, um estudioso do Sul, o qual conheci em uma de minhas viagens. Entre outras coisas, sua inteligência surpreendeu-me, então resolvi trazê-lo para cá, assim ele receberá toda a instrução necessária para seguir carreira religiosa com maior ascensão. – Admirando-o, entre sorrisos e sagacidade prosseguiu: – Com meu auxílio, ele será um grande nome em nosso meio. Não se intimide diante dele, ele é meu protegido e como tal confio plenamente nele.

Mesmo se sentindo incomodado, don Cortez disse:

– Necessito de seu auxílio. Preciso que minha filha se case com aquele fidalgo do Sul sobre o qual já conversamos a respeito. Sabe bem o que isso significa para todos nós: muito dinheiro.

– Conheço todos os detalhes de sua história, por isso, para abrandar aquela alma afoita, a encaminhamos para *Reclusión de la Virgem de la Compasión*. – Com ironia prosseguiu o bispo: – Diga-me, o que devemos fazer agora?

– Minha sogra foi pedir ajuda a uns médicos da região de Barcelona – pensativo continuou –, um homem chamado Filipe e outro chamado Yasir. Ao chegar lá e após ter retirado Nora da reclusão, aquela miserável caiu nos encantos de um jovem, casou-se com ele e não quis retornar para cá. Desafia-me tal qual um animal sem doma. Acredita que pode me afrontar, mas isso é impossível. Costumo ser implacável com meus inimigos, não me importa se possuem meu sangue. Recorda o que fiz com a mãe dela? Aquela infame ousou me trair com aquele mísero comerciante malaguenho, ambos sentiram o peso de minha ira. Chego a pensar que a mãe de Nora permanece viva através dela. Este é meu maior martírio.

– O que disse? Teremos de trazê-la de volta quanto antes. Então ela não poderá se casar com o fidalgo? Como ficarão nossos negócios?

– Por intermédio de Sahir, soube que naquele solar acontecem algumas atividades que me pareceram suspeitas. Consultei alguns nobres de Barcelona que estão incomodados com a escola que esses médicos fundaram. Apóiam escritores, lunáticos pensadores, viajantes da França que chegam com idéias de igualdade e até afrontam a Igreja. Soube, também, que há uma revolta naquelas paragens iniciada pelos “calceteiros”.[42]

“Se isso for verdade, você fará contato com nossos amigos do clero para unirmos nossas forças para calá-los definitivamente. Quero que convoque homens de nossa inteira confiança e descubra tudo sobre os habitantes da residência dos médicos. Pelo pouco que soube, utilizaremos nossos meios para forjarmos algumas denúncias. Assim, os tolos farão nosso trabalho e nossos nomes serão preservados.”

– Isso não será problema. Temos muitos homens espalhados por boa parte da Espanha. Todos me devem favores, então não será difícil colocarmos alguns para vigiá-los – disse o bispo.

– Devemos nos livrar do tal Filipe e de seu primo Yasir. Esses malditos colaboraram com os últimos acontecimentos. – Demonstrando visível fanatismo religioso e ganância prosseguiu: – Se o que dizem sobre a bondade daqueles médicos for verdade, poderemos transformar suas virtudes em atos de bruxarias.

Diego ouviu atentamente aquela conversa. Percebendo que ela poderia lhe trazer algum benefício, interrompeu:

– Senhores, perdoem-me a intromissão, mas creio que posso ajudar. As famílias às quais se referem eu as conheço muito bem. Poderei ser a pessoa certa para descobrir o que se passa naquele solar. Garanto-lhes que tenho acesso a eles. Ali sempre houve atitudes que suscitam bruxaria ou conspirações contra a Igreja. Não será difícil termos provas contra eles. Farei meu trabalho com muito gosto.

– Ora, como não pensei nisto antes? – disse o bispo. – É filho do médico Yasir. Com suas informações poderei utilizar minhas influências no tribunal de Barcelona. Preparemos para breve sua viagem.

– Muito bom, teremos de ser astutos e tudo o que pudermos ter a nosso favor devemos buscar. – Secando os suores das frontes, don Cortez prosseguiu: – Acredito que também chegou o momento de separar-me de dona Carmen. Quero que contrate um homem de nossa confiança para fazer este trabalho sem deixar nenhum vestígio que possa me incriminar. Tudo terá de parecer uma morte natural para que ninguém desconfie de mim, pois é sabido por todos que entre nós há muitas diferenças. Assim, Nora, ao saber de sua morte, retornará para cá e os demais estarão destruídos. Dessa forma terei de volta o controle.

– Tem certeza que quer se separar de dona Carmen? Se for este seu desejo, assim o realizarei. Não se preocupe, quanto antes nos livraremos dessa mulher. Conheci, em uma de minhas viagens, um homem que conhece muito sobre ervas. Eu estava com muitos problemas com um determinado cônego, então ele fez uma mistura que o envenenou e o fez adoecer. Assim o retirei de meu caminho sem que ninguém percebesse. Como Sahir está por perto, creio que ele poderá me auxiliar. Solicitarei que amanhã ele vá até esse homem e consiga algo semelhante. Dessa forma, poderá misturar essa erva nas refeições da veneranda e, em poucos dias, ela estará morta.

Entre sucessivos cálices de vinhos aqueles homens ajustavam o sombrio plano de acordo com seus desejos escusos.

Capítulo 15

A "Revolta dos Calceteiros"[43]

Enquanto na residência de don Cortez as sombras eram evidentes, em Barcelona, o trabalho de distribuição dos textos continuava. Em razão do árduo trabalho daqueles filhos de Deus que haviam se dedicado a fazer com que eles chegassem a muitas mãos, a região da Catalunha estava envolvida por forte sincretismo religioso, assim como por idéias de liberdade e igualdade.

A escola fundada por Bernard, e mantida pelos médicos e Morilo, formava mentes racionais e entre elas o filho de Ramirez, Pablo, que se uniu a eles, principalmente a Antoine.

Naquela manhã, fina garoa encobria aquela região. Na residência dos médicos, Cecile cuidava de seus afazeres quando viu um homem de estatura baixa, tez branca, olhos azuis surgir no portal principal. Após breve saudação, podia perceber pelo sotaque carregado que era francês. Retirando o chapéu, disse:

– Nobre senhora, sou Etiene e venho em paz e em busca de meu amigo Bernard. – Caminhando em sua direção lentamente continuou: – Pelas descrições que recebi, você deve ser Cecile, a "mediadora" a quem ele se referiu na última carta que me enviou.

– Sim, sou Cecile. Por Deus, perdoe-me a emoção que me toma neste momento. Acredite, ansiávamos por conhecê-lo; seja bem-vindo. Bernard nos falou muito a seu respeito.

Nesse ínterim, os médicos aproximaram-se. Após breves apresentações, Catarina carinhosamente interveio:

–Deve estar exausto, dê-me seu casaco, pois parece estar úmido. Buscarei alguma bebida para que possam conversar.

– Bernard não economizou elogios sobre todos que acabei de conhecer. De fato, ouso afirmar que ele não estava errado, são muito especiais e hospitaleiros. Digam-me, onde está meu amigo?

– Meu caro – disse Yasir –, infelizmente as notícias que temos não são as melhores. Nos últimos tempos ele contraiu uma grave enfermidade e não resistiu aos sofrimentos que massacravam seu corpo. Dias após ter lhe enviado uma carta, ele morreu.

A tristeza, unida às lágrimas involuntárias, marcou as faces de Etiene. Este por sua vez disse:

– Sinto profundamente essa perda! Que faremos agora com os textos? Fiquei maravilhado com os exemplos que me enviou. Portanto, resolvi vir pessoalmente aqui recolher algumas cópias.

– Meu caro – disse Filipe –, continuamos distribuindo esta obra. Mesmo enfrentando as diversas dificuldades, temos encontrado apoio de muitos.

– Bernard sempre esteve preocupado com o rumo do Cristianismo, assim como eu. – Sem esconder a tristeza, Etiene prosseguiu: – Quando li esta página compreendi que algo maior que meu entendimento pedia atenção. Vejam esta preciosidade:

(...) Jesus fala sobre os mortos com Mateus[44]

(...) Mateus: Mestre, disseste em todos os lugares que passamos que os mortos podem se comunicar conosco. Todavia, explica-nos mais sobre isso.

Jesus: Muitas coisas hão de saber sobre isto, mas como não somos filhos de única existência, no momento de nossa morte nos assemelhamos às árvores desnutridas (...) que perderam suas seivas em virtude do momento de suas podas, mas ao morrerem renascem robustas, belas e cheias de esperanças.

"Além de mim, falam aqueles que os vossos olhos não vêem. Como é grande a misericórdia de meu Pai, (...) é grande sua compaixão com aqueles que confiaram em sua promessa permanecendo compassivo, manso e fiel, pois quando diante da morte não cairão em tentação de duvidar que a vida permanece além do corpo.

Escutai o que vos digo e também o dizei (...) aqueles que já passaram por esta vida e deixaram nas Escrituras o caminho para Deus, são eles que vieram antes de mim e na sabedoria dos reis, Abraão, Daniel, Ester ou Judite (...). Jamais poderiam se calar. Enquanto falo contigo, ouço-lhes as vozes em meus ouvidos que vos saúdam e cantam salmos como no passado ao Deus soberano, assim:

'Cantamos ao Senhor para que de gerações a gerações não se olvidem (...) de nosso Senhor, porque Ele é verdade que está acima das nuvens dos céus; a justiça para quem conheceu a sepultura (...) e continua vivo além dela; porque aqueles que crêem no filho de Deus conhecerão a verdade e nada vos será oculto; que não lança flecha ou espadas, mas corrige a língua que fere. Que a Terra seja abençoada porque viemos dela e podemos voltar para ela. Ao nosso lado, o exército de Deus ama e reconhece o filho seu que restaura a Terra, assim como nossa Israel devastada pelos assírios foi levantada de suas cinzas. O filho de Deus inclina seus ouvidos para nós, mesmo sabendo que pouco temos a lhe ensinar, mas complacente nos ouve confirmando que não morremos e nossos caminhos poderão um dia nos fazer voltar à Terra em outros corpos, com outros nomes, mas aprenderemos os seus ensinamentos e saudaremos seu triunfo como reis dos reis (...)'."

Enquanto Catarina servia a mesa, aqueles corações permaneciam em trivial conversação, detalhando as linhas de um novo amanhã e a rota de distribuição daqueles textos que para eles eram muito especiais.

Naquela tarde do dia seguinte, Morilo, Cecile e Nora preparavam-se para ir ao mercado entregar alguns textos a um livreiro. Assim sendo, acomodaram, em uma carroça, pães e charques dentro dos quais os textos estavam escondidos. Etiene, que não iria com eles, observava-os, atento e admirado.

– Poderei acompanhá-los? Dessa forma terei oportunidade de conhecer a cidade.

– Teremos muito prazer em sua companhia – disse Nora.

A marcha lenta da carroça possibilitava-lhes irem conversando. Atravessando a rua do Porto[45], em marcha suave, foram subitamente surpreendidos pela guarda local:

– Parem! Digam, mulheres, o que estão levando nesses cestos?

Apesar de aquela situação ser muito delicada, Cecile manteve-se calma, e respondeu:

– Senhores, são pães e charques para vendermos no comércio.

Eles, como não desconfiaram de nada, revistaram-nas sem perceber o que ocorria.

– Tenham muito cuidado. Devido a um decreto local, estamos buscando os malditos calceteiros rebeldes, hereges que estão fomentando uma revolta.

Um dos guardas olhando para os cestos de pães disse:

– Levarei alguns para nós.

Nora, com habilidade, intercedeu. Antes que aquele pudesse retirar o pão, descobriu um cesto de mão, adiantou-se:

– Nobre senhor, leve estes, pois estão mais frescos. Deixe os outros mais velhos para negociarmos no comércio.

Ele aceitou a oferta sem se opor e partiu, em companhia dos outros soldados. Etiene não escondia o espanto e interveio:

– Percebo que estão habilmente bem preparados, nem sequer hesitaram diante desses homens. – Secando o suor de sua testa, prosseguiu: – Ao adentrar esta cidade percebi forte agitação. O que é a "Revolta dos Calceteiros"?

– O povo daqui é consciente e não se permite ser vencido pela força que o papado possui – disse Morilo. – Muitas revoltas populares acontecem por aqui. Os calceteiros não suportavam mais a opressão à qual estavam submetidos. Devido às condições subumanas, muitos empedradores que trabalharam nos castelos morreram e suas famílias estão subjugadas a triste suplício e privações. O fato que culminou nessa rebelião foi a morte de quinze homens que construíam a igreja *La Resurreción*.[46] O bispo local atribuiu o fato à falta de disciplina. Então, unido ao poder local, para servir de exemplo aos demais humildes trabalhadores, ordenou que três homens fossem chicoteados até a morte, pois, segundo o bispo, eles estavam sob as ordens demoníacas contra a Igreja. Então, liderados por um homem chamado Ramirez, pai de Pablo, um jovem membro de nossa escola, apoiado por meu grande amigo Inarus que se afeiçoaram pelas idéias de liberdade e igualdade proferidas por Bernard, organizaram-se e pediram apoio da Igreja e da Justiça, mas não foram ouvidos. O bispo local, inconformado com os insultos, jurou morte aos sobreviventes impuros. Não tardou para muitos se unirem a Ramirez e, agora, escondidos, representam grande afronta ao poder local.

"Muitos trabalhos" – continuou Morilo – "foram elaborados por vários escritores que estão se espalhando pela Europa trazendo lucidez sobre os padrões religiosos que nos são impostos. Muitos deles conseguiram surpreendente retorno apesar da oposição que há contra eles. Lutam bravamente para fazer valer o amor puro que Jesus deixou sobre a Terra. Deveriam servir de exemplo à Igreja, mas, infelizmente, levanta-se um grande exército contra esses soldados da luz e as informações que defendem."

– Além do mais, a todo custo – falou Cecile –, é de interesse da Igreja e do Estado calar essa revolta, pois senão iniciarão outras mais. Dizem que de todas as rebeliões aqui iniciadas, esta é a mais resistente. Eles estão nos ajudando a distribuir os textos. Por isso, estamos sendo cautelosos em nosso trabalho. Ampliamos os receptores desses textos por toda a Europa, assim asseguramos que as cópias estejam em muitos lugares garantindo que não se percam, caso aconteça alguma coisa conosco.

– Também farei minha parte – disse Etiene – e enviarei algumas cartas a alguns amigos meus que poderão estender esta distribuição ao Oriente. De fato, precisam ser prudentes porque se os homens que fazem parte desse movimento ajudam na distribuição dos textos, é melhor prestar atenção em todas as suas atitudes para não levantar suspeita.

Sem dizerem mais nada, seguiram para o comércio próximo onde encontrariam o livreiro que levaria as cópias dos textos para o norte da Europa.

Capítulo 16

Diego, a personificação das lágrimas

Cumprindo as ordens do bispo Armando de Segóvia e acordo firmado com don Cortez, Diego seguiu para Barcelona.

Naquele final de tarde, sob um céu cinza-escuro, uma garoa fina e fria caía sobre a região. Suntuosa carruagem parou diante da residência dos médicos. Diego, trajando luxuosa batina, desceu auxiliado pelo condutor.

Sem perda de tempo, encaminhou-se para o salão principal. Sem anunciar-se, surpreendeu a todos. Após as saudações disse:

– Percebo que todos estão surpresos com minha visita. – Dissimulando prosseguiu: – Estava de passagem por estas paragens e decidi parar por aqui.

– Ora, ora – disse Yasir visivelmente contrariado. – Após tanto tempo sem uma notícia, volta aqui por acaso? Qual é a verdadeira razão desta visita?

– Apenas uma breve, muito breve visita – interveio em tom de provocação. – Vejo que continuam vivendo uma situação paupérrima. Olha para você! Muitas vezes me pergunto se sou, de fato, seu filho. É para mim um suplício conviver entre uma casta absolutamente imprestável, mas como ficarei apenas dois dias, creio que sobreviverei, pois logo seguirei viagem. – Olhando para as mulheres prosseguiu: – Aqui continua sendo um reduto de miseráveis. Veja quantos vivem sob um mesmo teto.

Neste ínterim, Morilo e Etiene adentraram o recinto. Diego, sarcástico, olhando para eles prosseguiu: – Ora, ora, se não é o aleijado desertor! Não foi capaz de suportar o sacerdócio, então veio se esconder entre os derrotados!

Sentia-se forte tensão naquele ambiente. Yasir, voluntariamente, de punho cerrado caminhou em direção ao filho. Percebendo o perigo, Filipe segurou-o tentando conter-lhe o ímpeto. Catarina, mesmo contrariada, intercedeu:

– Diego, já que está aqui, prepararei um aposento e uma refeição quente para você. Assim poderá descansar de tão exaustiva viagem, mas suplico-lhe que contenha seu ímpeto nos dias em que estiver aqui.

Sem nada dizer, mas revelando muito escárnio e arrogância, Diego, acompanhado de Catarina, retirou-se do recinto. Enquanto isso, preocupado Filipe disse:

– Suspeito que ele não esteja aqui por acaso. Então, tenhamos cuidado com nossas atitudes. – Olhando para Cecile, continuou: – Enquanto ele estiver aqui, não faremos contato com o invisível e também devemos conter a distribuição dos textos.

– Tem razão, meu primo. Apesar de ele ser do nosso mesmo sangue é muito diferente de nós. Devemos ter cuidado, senão colocaremos tudo a perder. Recolheremos as cópias e manteremos somente a escola.

Assim aqueles corações permaneceram indecisos sobre o que fazer no dia seguinte.

Dois dias haviam se seguido após a chegada de Diego. Atento a todas as ações que ocorriam naquela residência, espreitava a todos com um semblante desconfiado e austero. Na escola, de acordo com as ordens de Filipe, os assuntos das aulas eram triviais para que não levantassem suspeita. Enquanto isso, as mulheres interromperam a distribuição dos textos. Por segurança, Etiene retirara as cópias daquela residência entregando-as a Inarus que naquela oportunidade havia se unido a Ramirez no movimento dos "Calceteiros".

Pairava no ambiente, contudo, um clima de terror, medo e desconfiança. Mesmo assim, todos permaneciam firmes e comedidos.

Naquela manhã, após o desjejum, Morilo, Antoine e Etiene se preparavam para ir à escola. Tentando manter Diego sob vigilância, Morilo sugeriu:

– Não gostaria de nos acompanhar?

– Estou indisposto – disse Diego dissimulando. – Permanecerei ocupado com minhas leituras.

Quando saíram, os médicos e as mulheres seguiram para cumprir com suas obrigações. Assegurando-se de que estava só,

Diego vasculhava todo o salão, revirando todos os locais. Cheio de cólera e dizendo palavras soltas no ar, não escondia sua insatisfação:

– Deve haver alguma coisa por aqui que servirá de prova para que eu possa entregá-los ao clérigo. Com isso, conseguirei conquistar minha posição de evidência. Esses malditos devem possuir algo precioso para mim. – Completamente envolvido por uma sombra no semblante, continuou: – Terei muito prazer em ver Filipe ao lado de meu pai ardendo nas fogueiras ou morrendo nos cárceres.

Já sem esperança de encontrar alguma prova contra aqueles filhos de Deus, foi até a cozinha buscar água. Mesmo com todos os cuidados que os médicos tiveram em retirar todas as evidências que poderiam incriminá-los, caminhando atento, Diego esbarrou por acaso em um charque e deparou com três papéis enrolados dentro dele. Retirando-os, imediatamente leu um deles:

Jesus e o egípcio – A vitória da vida e o silêncio do sepulcro[47]

Egípcio: (...) Venho do Egito onde os faraós exaltavam a grandeza e a riqueza da vida, mas não se olvidavam que a morte passageira os faria voltar ao corpo que um dia os animou a essência. Os faraós guardam-se soberanos e seus corpos mumificados aguardam-lhes o retorno. Dentro de tua crença, revela teus mistérios sobre esse preceito?

Jesus: Não vos revelo todos os mistérios meus e de meu Pai, porque ainda não compreenderam os reais motivos que me trouxeram aqui. As riquezas que cercam os homens em aparências manifestam as imagens de sua mente.

"Fala em ti o aprendizado de muitas vidas. Os deuses dos faraós acreditavam que após a morte poderiam retornar ao mesmo corpo cheio de púrpura e ouro. Mas, em verdade, vos digo que muitas vidas vivemos e muitos amores amamos.

O sábio e prudente compreende que o tesouro duradouro é aquele que procede da luz. Quem não se prende ao corpo, mas busca a sabedoria e a transformação entende a luz que represento.

(...) Tem compaixão daqueles que crêem que o corpo é somente dependente da matéria; o que anima o corpo é o espírito único, cheio de experiências de seus passados e vive uma existência de cada vez.

Os teus faraós, que hoje habitam o mundo que não vês, não voltarão no mesmo corpo morto que repousa no silêncio do sepulcro. Muitos não voltarão laureados em ouro. Muitas vezes, aqueles que foram reis serão amanhã servos. Aqueles que ontem foram servos poderão continuar servos de meu Pai, pois necessitarão aprender as lições que cada vida individualmente trará a seu espírito. A eles serão conferidos novos retornos e em cada retorno meu Pai lhe concederá nova roupagem para que cumpram suas missões e contribuam com suas sabedorias de muitas vidas na transformação da Terra em um reino de justiça e liberdade. (...)"

– Então é isso que eles estão reproduzindo... os textos proibidos – disse entre sarcásticos sorrisos. – Míseros tolos, isto foi melhor do que eu esperava. Viajarei hoje mesmo e entregarei estas páginas ao bispo Armando de Segóvia. Aqui está a minha glória.

Sem esconder a sombria felicidade, Diego retirou-se rapidamente buscando aprontar-se para viagem.

Tempo depois, Diego surpreendeu a todos. Sem explicações despediu-se e partiu, levando consigo o resultado de sua pilhagem e satisfação pelo seu triunfo.

Capítulo 17

Entre novidades, esclarecimentos e lucidez

Naquela manhã, Filipe e Yasir preparavam ungüentos para os enfermos enquanto as mulheres mantinham-se envolvidas com as tarefas do dia-a-dia, quando uma carroça humilde parou diante da residência dos médicos em Barcelona. Era Rodriguez, que desceu e após despedir-se do condutor, seguiu para ter notícias de Nora. Os médicos o recepcionaram e se encaminharam ao interior do salão principal. Ao entrar, depois das saudações, foi carinhosamente abraçado por Nora, que disse:

– Já conheceu parte de minha família, mas agora me diz: O que faz aqui? E minha avó?

– Minha criança, minha saúde há muito me abandonou. Esta viagem foi para mim um suplício. – Após recuperar-se de uma forte crise de tosse, secando as lágrimas, prosseguiu: – Vim até aqui motivado por uma razão muito especial e triste. Infelizmente sua avó dona Carmen adoeceu e não suportou o martírio daquela inesperada enfermidade.

Imediatamente tomada pelo desespero, Nora desmaiou. Yasir com bondade acomodou-a em um leito, enquanto Cecile retirou-se em busca de seu irmão.

Tempo depois, Antoine chegou e imediatamente inteirou-se das ocorrências. Apesar do sofrimento de Nora pela perda da avó, a felicidade no rosto daqueles corações era evidente. Acariciando-lhe as madeixas, o jovem ouviu o diagnóstico de Yasir:

– Meu caro, você será pai. Sua esposa espera um filho.

Nora não escondia a felicidade mesclada de tristeza. Segurando a mão de Antoine, ela disse:

– Meu querido, Deus nos presenteou com esta especial surpresa, mas a dor pela ausência de minha avó marca-me a alma e não consigo suportá-la.

Enquanto as palavras calaram em seu íntimo, Antoine com os olhos marejados beijou a testa da jovem tentando aliviar-lhe o temporário sofrimento. Os demais respeitavam o momento, mas mantinham em suas feições a inevitável alegria.

Filipe fechou os olhos e, buscando sublime inspiração em seu íntimo, orou:

– Senhor Jesus Cristo, estamos plenamente conscientes de teu amor. Permite-nos transformá-lo em realizações e em cada ato um recomeço, em cada recomeço um triunfo para seguirmos um pouco mais. Recebemos com resignação e alegria um filho teu que retorna à vida por intermédio deste ventre. Todavia, ensina-nos a compreender que para nascer é necessário morrer na matéria.

Dá-nos a sabedoria para entregarmos o nosso coração em tuas mãos sem imposições ou contar o tempo perdido.

"Permite-nos relembrarmos o passado como se fôssemos aqueles que olham para os próprios triunfos porque, em cada vitória, mesmo cheios de lágrimas, estão os instantes de sabedoria que jamais serão sacados da nossa existência. E, por fim, recebe de nós a certeza de que somos sempre aqueles que exaltam o teu nome que, diante de teu amor, reconhece um império indestrutível de justiça e bondade no seguimento de nossos dias."

Enquanto isso, no invisível, as figuras meigas e radiantes, entre outros, de Maria Alcântara, don Sancho e Esteban permaneciam em preces, derramando sobre aqueles corações luz e coragem. Envolvidos por uma força celestial, seus olhos brilhavam diante da oportunidade de Juana[48] retornar à matéria na condição temporária de filha de Antoine e Nora.

Nesse ínterim, o estado de saúde de Rodriguez anunciava que não suportaria por muito tempo ou venceria o romper daquele dia, pois os infortúnios de uma grave enfermidade que se estabeleceu em seus pulmões se agravaram devido à difícil viagem.

Foi acomodado carinhosamente em um leito humilde. Tempo depois, Yasir, apressado, chamou todos ao aposento onde o velho Rodriguez estava sofrendo forte crise, apoiado por Nora e Filipe.

Pouco tempo depois, refeito, Rodriguez timidamente chamou Filipe e entregou-lhe um pequeno embrulho e disse:

– Dona Carmen, antes de morrer, fez-me jurar que eu os devolveria a você. Ela estava preocupada com as atitudes do genro e com medo de alguma represália caso eles caíssem em mãos erradas. Nobre médico, sei que estou morrendo e lhe suplico que alivie meu coração para que possa seguir minha estrada em paz.

De repente, teve um forte acesso de tosse. Segurando a mão do médico, entre curtos suspiros, o corpo mirrado libertava aquele espírito, que, imediatamente, foi envolvido por um incontrolável torpor e recolhido pela bondade daqueles seres de luz, Maria Alcântara e don Sancho. Envolvidos por uma luz azulada retiraram-se daquele recinto, enquanto os demais, tomados por intensa emoção, permaneceram unidos tentando abrandar o coração de Nora que não escondia abundantes lágrimas.

Seguindo os procedimentos médicos, diante de tantas enfermidades que devastavam aquelas paragens, sem perda de tempo, Filipe e Yasir prepararam Rodriguez para o sepultamento, ainda naquele mesmo dia.

A noite chegou e com ela veio o frio e um céu estrelado. Após o jantar, todos estavam reunidos no salão principal, enquanto Etiene, que havia conquistado o coração de todos, copiava alguns textos para serem distribuídos, ajudada por Morilo e Antoine.

Em seguida, Filipe ao lado de Cecile, abriu o embrulho que Rodriguez lhe entregara e, com os olhos marejados, leu:

(...) Bartolomeu ora ao povo da Armênia[49]

Nas cercanias das terras do norte, (...) o rei da Armênia perguntou a um homem chamado Bartolomeu:
Rei: O que tens a dizer ao meu povo?
Ele, cheio de inspiração superior, respondeu:
Bartolomeu: Senhor Jesus Cristo, dá-nos o canto de misericórdia e luz para que o nosso coração possa, revestido da sua grandeza celestial, buscar nos caminhos de nossa vida, a comunhão com o Senhor nosso Deus (...) o Deus cantado nos salmos de Israel.
"Dá-nos a oportunidade de interiorizarmos as Tuas palavras, de buscarmos no Seu amor a esperança para nossos dias, porque foram dias de sofridas lágrimas, lamentos, angústias, amigos e inimigos, ocultos e físicos que transformaram os nossos sentimentos em desesperos e padecimentos...
Dá-nos um momento para refletirmos e olharmos dentro de nós mesmos e encontrarmos as trevas que ainda habitam sobre a nossa consciência e o nosso coração. Permite-nos reluzir em esperança e glória a Tua luz. E quando voltados a nós mesmos, exaltando o Teu nome, bendizemos a Tua misericórdia e o Teu amor.
É neste instante divino (...) que agradecemos pelas muitas existências que vivemos outrora e tantas travessias entre os mundos por intermédio da morte (...).
Neste louvor, também Te suplicamos misericórdia porque és, Senhor, a força eterna, a luz branda que neste exato instante se volta para este povo.

Liberta-nos da ignorância e faz com que cada existência seja transformada pelo fogo que destrói e recomeça e não pelos ventos que afastam (...).

Dá-nos, Senhor Jesus, a certeza de mais um dia, a coragem que desperta, a alvura de seu nome (...) porque ele reluz entre as lágrimas que a humanidade chora, porque tudo podemos desde que tenhamos fé.

Sê para todos nós a consciência operante e a comunhão eterna (...) porque o Senhor nos banha com a meiguice de Tua luz.

Senhor Jesus Cristo, seca a lágrima da mãe, do pai, do filho, que hoje se encontra renovado, liberto e preparado para seguir os passos teus (...) que atravessaram muitas existências e agora se convertem na força de tua eterna lei.

Sê Senhor Jesus Cristo, a bênção fraterna que recupera e renasce; o conforto eterno daquele que chora e o manto vivo de amor e luz àqueles que nada têm a não ser o lamento de desespero pela paz."

Capítulo 18

Vingança, insensata "Cruzada" contra a luz

Em Navarra, em sua residência, don Cortez, no salão principal, foi surpreendido pela presença dos bispos Armando de Segóvia e Miguel Villanueva[50], e Diego. Após as saudações e trivial conversação, o bispo Armando disse:

– Amigo, trouxemos-lhe boas notícias. Quero que leia isto.

Jesus e o brâmane – breve discurso sobre reencarnação[51]

Nas proximidades de Samaria, uma mulher chorava a morte de seu esposo. Enquanto Maria de Magdala consolava-a, um brâmane aproximou-se de Jesus e disse:

Brâmane: Creio que não somos filhos de uma única existência (...). Então, homem, o qual soube de tua existência e há dias te procuro; o que tendes a dizer sobre "reencarnação"? Como explicas os corpos e seus mundos?

Jesus: Crer que somos filhos de uma única vida (...) é acreditar que meu Pai que está nos Céus é impiedoso e injusto. Homem, como explicar coisas que as palavras que conhecemos nos limitam o discurso (...) Somos nômades em constantes mudanças objetivando o melhor. As sucessivas vivências são necessárias, assim como as chuvas que renovam os campos e transformam aquilo que necessita germinar em plantações vastas, fortes e cheias de vigor (...). Em cada existência, o espírito que vive em um mundo de matéria "etérea", (...) que muito se assemelha ao ar que respiramos e, também, diferente desta que nossos olhos vêem; composto de uma luz que não se pega, aprendizado de muitas existências e inteligência adquirida em muitas vidas; recebe uma missão de retorno onde serão estabelecidos (...) aquilo que transformará seu campo íntimo (...) em plantações vigorosas.

"Assim, lhe será oferecido um corpo de carne que servirá de temporária túnica (...) que envolverá este espírito pelo tempo que lhe foi determinado. Após, enfim, sua trajetória esgotada e suas tarefas cumpridas, retornará ao mundo dos 'mortos' que, em verdade, vos digo, se refere ao mundo dos vivos, pois é lá nossa verdadeira morada, nos mundos onde habitam todos os filhos de meu Pai. Ninguém morre, todos apenas mudam de lugar (...) e voltarão para o mundo onde suas tendências morais serão a base de suas novas histórias (...)"

– São textos heréticos. Onde conseguiram isto?

– Diego fez um excelente trabalho quando esteve em Barcelona. Na residência dos médicos, encontrou as provas de que necessita para podermos atacá-los com um golpe arrasador e acusá-los de heresia, de traição contra a Igreja.

Diego, com altivez, tentando pôr-se em evidência, disse:

– Senhores, aqueles hereges malditos distribuem textos como este por toda a Europa. Além do mais, apóiam a "Revolta dos Calceteiros", assim como uma casta imunda que ousa aprender a ler e a escrever. Assim, sob as orientações do bispo Armando, formalizei a denúncia sobre heresia.

– Os religiosos estão muito preocupados com esta tal "Revolta" – disse Miguel –, e agora faremos uma "cruzada" contra esses infames visando, de uma vez por todas, silenciá-los sem deixar para o futuro uma só lembrança de que esse funesto movimento ocorreu em nossas terras. Em nome de nossa amizade de muitos anos, submeti esses manuscritos ao papado e recebi ordens expressas para calar o movimento. O tribunal de Barcelona nos apoiará. Como é um homem muito influente, quero que reúna os nobres desta região e busque apoio financeiro. Sei que fará isso com muita astúcia. Creia, não teremos piedade.

– Senhor, como humilde servo – disse Diego dissimulando –, quero que saiba que estou à disposição da "cruz" para lutar por ela.

– Recebi com muito agrado estas informações – disse o bispo Miguel –, e seus préstimos não serão esquecidos. Tenho planos para você, meu jovem, e terá oportunidade de demonstrar seu amor à santa cruz.

– Ora, ora – disse don Cortez –, então fomos presenteados pela força política e o poder da Igreja. Reunirei os homens e eles ajudarão nesta luta. Se bem o conheço, ouso dizer que ninguém receberá um gesto de compaixão de tua parte. Você sempre foi implacável quando se refere aos assuntos da Igreja. Como saberá quem são realmente os hereges?

– Deixo esta preocupação a Deus, pois a lei sempre foi uma só: "*Matem todos, que não sobre ninguém, porque ao Senhor cabe a misericórdia de saber separar um pecador de um inocente.*" – Ajustando o chapéu e as luvas, Miguel prosseguiu: – Já iniciamos nosso trabalho. Já saíram reforços daqui para unirem-se aos militares de Barcelona. Por isso, preciso o quanto antes do dinheiro dos nobres. Quero em poucos dias dizimar esta história.

O bispo Miguel Villanueva despediu-se. Enquanto isso, don Cortez, após molhar os lábios no vinho, continuou:

– Estou surpreso com a rapidez com que agiram. Quero que recebam meus cumprimentos. Enquanto o jovem esteve em Barcelona, eu e Armando fomos perfeitos em nosso plano. Estou feliz porque a morte de dona Carmen ocorreu exatamente como foi planejada. Ninguém desconfia de mim. Aquele preparado a envenenou levando-a ao desespero no leito. Os médicos lutavam contra uma enfermidade que, na verdade, nada mais era do que uma ação realizada por nós. – Sorrindo maleficamente, olhando para Armando, continuou: – A sua idéia com as hóstias envenenadas foi brilhante. Como ela não podia mais ir à missa, trouxemos um padre de sua confiança para orar aqui em minha residência por sua alma. Ele, acreditando estar cuidando de uma de suas ovelhas, sem imaginar foi nosso instrumento para que as hóstias envenenadas fossem consumidas pela moribunda sem deixar rastros. Por sorte, não demorou para ela morrer e me deixar em paz.

– Tenho de admitir que fui muito hábil neste caso – disse Armando. – Por garantia também me livrei desse padre. Obriguei-o receber a eucaristia comigo, só que ele também desfrutou das mesmas hóstias que sua sogra. Não suportou o veneno e em poucos dias veio a morrer. – Olhando para Diego com uma admiração perniciosa, continuou: – Não podemos prescindir de meu menino, ele surpreendeu a todos nós e merece todo o reconhecimento.

– Está certo. Falarei com alguns homens que são formadores de opiniões bem como com os clérigos que poderão ser úteis para você visando conseguir o que deseja para Diego. – Segurando o queixo pensativo, don Cortez continuou: – Agora temos de trazer Nora de volta porque senão não conseguirei o apoio do Sul. O fidalgo será o homem mais importante para conseguirmos o apoio dos nobres daquela região. Espero que sua beleza tenha sido preservada, pois caso contrário ela será uma mercadoria de pouco valor.

– Senhor, não se preocupe – disse Diego. – Quando estive com eles, não pude me esquivar dos encantos de tua filha. Ela continua uma mulher muito bela, apesar de viver com aqueles miseráveis. Mas não perdeu sua beleza. Ela vale demais.

A noite anunciava sua presença e aqueles homens, dominados pelas perigosas energias de sua mente, arquitetavam planos continuando noite adentro a pensar em funestas estratégias para um incerto amanhã.

Capítulo 19

Da fuga à nova rota de amadas vidas

Na região do Norte, as agitações sociais prosseguiam. A "Revolta dos Calceteiros" avançara e muitos considerados rebeldes pela Igreja uniam-se à causa dando-lhe maior força. O objetivo principal agora era outro. A luta tornara-se mais religiosa do que social.

Decretos foram difundidos visando silenciar o movimento que de uma forma muito particular havia se transformado para a Igreja em alvo de grande infortúnio e preocupação. Uma das conseqüências desses atos religiosos culminou em um aumento significante da lista dos Livros Proibidos. Entre outros, além das missas controladas pela Igreja ninguém poderia manter reuniões, assim como não se podia caminhar mais de três homens juntos.

Conforme as ordens papais, de acordo com a organização liderada pelo bispo Miguel Villanueva e com o apoio do poder local, uma ação militar adentrou a cidade que logo foi dominada.

Certa noite, afoito, Inarus adentrou a residência dos médicos visivelmente preocupado. Encontrando Filipe, disse:

– Vim quanto antes para alertá-los das últimas ocorrências. – Após uma breve pausa prosseguiu: – A coroa e o papado decidiram reagir com maior rigor contra nosso movimento. Então, a cidade foi tomada e nossos homens estão se preparando para o confronto. A escola foi incendiada por um grupo de soldados. Morilo, Antoine e Pablo, filho de Ramirez, foram presos.

Cecile e Nora não escondiam o desespero por que foram tomadas.

– Devemos nos acalmar – intercedeu Filipe –, não podemos agir de forma insensata. Muitas outras coisas são importantes agora e entre elas a segurança de vocês. Pensaremos em uma maneira racional de libertá-los, de preservar os textos e de dar continuidade ao nosso trabalho. Portanto, do que servirá saírem daqui para contemplar apenas cinzas? Rogo prudência e escutemos o jovem, pois agora não podemos fazer nada.

– Terão de sair daqui quanto antes – disse Inarus – e levar todas as cópias dos textos que possam levantar suspeitas, pois não tardará para eles virem procurá-los. Perguntaram exaustivamente sobre os textos. Também vieram comigo alguns homens para garantir a segurança de vocês.

O semblante de todos não escondia o medo e a aflição, assim como a preocupação era evidente. Filipe caminhou pelo recinto e brevemente disse:

– Por Deus, o que faremos com os jovens? Não podemos partir e abandoná-los. Além do mais, para onde iremos?

– Ramirez está se organizando para enfrentar os soldados e libertá-los – disse Inarus. – Eles souberam que esta ofensiva atrás dos textos que estamos distribuindo foi fruto de uma denúncia, pois estão revirando os charques e pães, e também maltratando a todos para ver se os que fugiram estão escondidos em algum lugar.

O semblante de Yasir não disfarçou a decepção. Com firmeza disse:

– Algo fala em meu íntimo que Diego é o responsável por isso. Meu julgamento fundamenta-se em sua inesperada visita, naquele momento percebi que ele não tinha vindo em paz. Além do mais, sua partida às pressas e sem explicação foi muito suspeita.

– Infelizmente – disse Catarina –, ele é nosso filho, mas eu tenho também o mesmo sentimento. Rogo a Jesus que, se ele estiver envolvido com isso, o Senhor tenha compaixão de sua insensatez.

– Meus primos – disse Filipe –, não temos tempo a perder, deixemos Diego e pensemos no que realmente é importante, não é o momento para suspeitas. Acalmemo-nos, pois todas as nossas forças devem estar focadas em nossa preservação.

– Confiem em mim – disse Inarus –, e sigam ao encontro do agrupamento do cigano chamado Sirilo, que é seu amigo e está esperando por você. Ele veio me procurar e garanto que ele tem por você grande admiração, pois colocou à nossa disposição quantos homens forem necessários para guiá-los com segurança nesta viagem de retirada de Espanha. Enquanto isso, eu seguirei para me unir a Ramirez.

A preocupação era evidente nas feições daqueles filhos de Deus. Filipe, olhando para Etiene, intercedeu:

– Amigo, chegou o momento de partir, embora seja perigoso; é melhor que retorne para a França e leve consigo alguns textos. Será escoltado até a fronteira com um dos homens que Ramirez enviou para cá. Assim terei certeza de que nosso trabalho não será em vão.

– Meu caro, gostaria de ficar e lutar se necessário for a seu lado.

– Sabe muito bem que será mais útil se retirar estas cópias daqui – disse Filipe –, assim teremos certeza de que nosso trabalho e até o sangue que poderá ser derramado não terão sido em vão. Vai, amigo, encontrar-nos-emos oportunamente.

Etiene não ousou contradizê-lo e imediatamente partiu. Enquanto isso, Filipe com firmeza continuou:

– Meus caros, então vamos nos refugiar no agrupamento de Sirilo. Quando deixarmos nossas mulheres seguras, aí nos uniremos a Ramirez e a Inarus. Por ora vamos retirar os textos que sobraram e sair daqui. Que Deus tenha misericórdia de todos nós.

Diante da gravidade do momento, sem perda de tempo, aqueles filhos de Deus organizaram-se para partir, juntando, além dos poucos pertences, todas as cópias dos textos. Assim partiram, levando no coração a aflição pelo que poderia acontecer nos dias seguintes.

Enquanto Filipe guiava os cavalos, Cecile ao seu lado, disse:

– Meu amor, por todos os dias que vivemos juntos você tem sido a minha força. Confesso que me preocupo com meu irmão e com Morilo, mas perdoe-me porque é com você que meu coração se aflige. Temo que algo aconteça lhe aconteça. Também remeto meus pensamentos aos textos nos quais tanto trabalhamos. Se caírem nas mãos do clero, serão completamente banidos da história da humanidade.

– Sempre foi minha força e a luz que Jesus acendeu em minha solitária estrada. Preocupo-me com os jovens e farei o melhor por eles, mas também meu coração declina-se sobre você. Quero que esteja em um lugar seguro porque não sei se conseguirei viver se algo lhe acontecer. – Beijando-a na testa, prosseguiu Filipe com carinho: – Confie em mim, não permitirei que a ignorância de poucos seja capaz de exterminá-los. Eles foram muito bem distribuídos. – Retirando do bolso um manuscrito, prosseguiu: – Veja este pequeno texto. Confesso que tudo o que aborda Bartolomeu é para mim muito precioso:

NA COLINA DE BETÂNIA JESUS FALA SOBRE "REENCARNAÇÃO"[52]

Bartolomeu: Senhor, sempre foste piedoso diante de nossa ignorância, mas concede-nos a graça de saber a sorte (...) daqueles que dormem em suas tumbas. A eles será concedida a volta a novos corpos? Vê o exemplo de Lázaro: se a ressurreição for uma verdade, como se unirão os ossos a uma nova carne (...)? Como os mortos voltarão a falar?

Jesus: O verdadeiro homem, criação de meu Pai, não repousa nas tumbas, mas sim, seu espírito, que é vivo, habita meu reino. Não uni os ossos de Lázaro à carne porque ele não havia morrido como crês. Seu espírito ainda necessitava daquele corpo (...) para concluir sua história, então o que fiz senão despertá-lo do temporário sono que o abraçou.

"Um dia, os homens aprenderão mais sobre isso e a volta de Lázaro ao corpo físico não será um mistério, mas a solução para muitos que sofrem do mesmo mal que ele (...).

O homem não morre (...) e as tumbas são passageiras para a carne que é consumida, mas seu espírito vive. Ele volverá em outros corpos e falará outras línguas, muito mais do que aquela que aprendeu em sua última existência, porque a ele será dada a lembrança de toda a sabedoria conhecida por ele. Pelos vivos, os mortos falarão e utilizarão a mente como meio de influenciar para o bem e para o mal o rumo da Terra (...).

Os mortos não se calam e aqueles que me amam voltarão a falar, e toda a sabedoria que trouxe do meu mundo não será calada. Muitos que me ajudam, mas teus olhos não podem ver, acrescentarão muito mais coisas a estas que te digo. Confiram suas existências através de muitos feitos e aquilo que hoje é considerado um milagre nada será do que uma manifestação do invisível (...).

Em verdade te digo, que o homem de hoje não compreende o que digo, mas no futuro enviarei aqueles que cumprirão a promessa de fazer meu nome não esquecido e utilizarão os 'mediadores' corações eleitos para esse prodígio.

Meu amado, te abençôo e não te ocultarei nenhuma palavra. De todos os que me seguem, à tua alma reservo a morada dos mistérios de meu Pai sobre a vida além da vida (...) e a missão de difundir o que digo sobre a 'reencarnação'..."

Apesar da tensão do momento, uma paz envolvia aquelas almas apaixonadas que, sob a luz das estrelas, continuavam suas trajetórias confiando em Deus e naquilo em que tanto acreditavam.

Capítulo 20[53]

No acampamento, da segurança à liberdade

Filipe, Cecile e Yasir estavam exaustos. Aproximando-se do agrupamento de ciganos de origem espanhola, perceberam que uma festa com sapateados animava o lugar. Uma magia especial envolvia o local. Ao som alegre das músicas acompanhadas pelas palmas, as mulheres dançavam rodando suas saias floridas e seus leques, fazendo com que seus encantos femininos fossem ressaltados.

Olhares misteriosos, curiosos e desconfiados dirigiam-se para aqueles filhos de Deus. Filipe indagou sobre Sirilo e foi encaminhado com os demais a uma tenda que parecia pertencer ao líder do grupo. Ao entrarem, imediatamente, Sirilo os reconheceu e os saudou:

– Sejam para sempre bem-vindos entre os meus. Estou feliz por estarem aqui. Sempre me mantive informado sobre a família de Esteban, pois jamais me esqueci de tudo que recebi outrora naquele solar. Quando soube que estavam procurando os médicos sob suspeitas de heresias, então ordenei que um homem de minha confiança fosse procurar Ramirez a quem conheci em razão da "Revolta dos Calceteiros" de que ele faz parte, oferecendo minha ajuda para você.

Yasir passou a detalhar todas as ocorrências que amarguravam o coração deles. Em seguida, Filipe concluiu:

– Precisamos sair da Espanha e garantir que estes textos sejam protegidos da perseguição da Igreja. Estamos sendo procurados pela milícia comum e soubemos que também o clero está atrás de nós. Temos de atravessar a fronteira para a França. Lá poderemos encontrar Etiene.

– Já sabemos de tudo, aprendemos que a informação é nossa maior aliada, então nada acontece nas proximidades de nosso grupo sem que saibamos. A Igreja não é piedosa para com os diferentes – disse Sirilo com um semblante sério. – Já nos acostumamos com o preconceito e o escárnio. Estamos seguindo em direção à França e, depois, desejamos seguir para o Oriente, pois os insanos que entraram em Barcelona baniram os ciganos destas cercanias.

"Acredito que, seguindo com meu povo, poderemos retirá-los daqui em segurança, mas para que possamos sair assegurando que não apresentaremos nenhuma suspeita, minha única imposição é que enquanto estiverem conosco, agirão como nós. Conheci seu credo e muito o respeito, mas terão de conhecer nossos hábitos. Caso contrário, seremos presas fáceis."

– Rogo a Jesus que o abençoe e a todos os que o seguem. Aprendi com meu pai – disse Filipe – a respeitar todos os que passaram por nós ao longo do tempo. Acredite, conhecemos muitas pessoas de muitos lugares e jamais desrespeitamos aqueles que pensam diferentemente de nós. Apesar da dificuldade que temos, aceitaremos todas as regras deste lugar.

– Recordo-me saudoso de seu pai, com ele aprendi a conhecer o Cristianismo e seu amor a esse credo fez-me trazer alguns conceitos a meu povo. Quero que saiba que respeito o amor e a dedicação que têm por estes textos. Se possível, gostaria muito de conhecer alguns deles.

Emocionado, Filipe retirou do bolso uma página e emocionado leu em voz alta:

Maria de Magdala
fala sobre a vida após a morte[54]

Bartolomeu, um homem nascido em Canaá, falava sobre o Mestre a um grupo egípcio e ao final disse:
Bartolomeu: Após a partida do nosso Mestre, Joana, mulher de Cusa, e Salomé estavam em prantos quando Maria de Magdala beijou-lhes a testa e confortou-as com comoventes palavras:
Maria de Magdala: Ele, o Senhor, cheio de graça (...), dias depois de sua morte fez-se radiante diante dos meus olhos. Minhas lágrimas ainda me acompanhavam quando Ele, vestido em púrpura real, disse:
Jesus: Consola-te, mulher, já derramaste muitas lágrimas por mim. A profecia foi cumprida de acordo com a Lei de Deus e profetizada em Isaías[55] e onde será confirmada pelas mãos de Mateus[56], meu amado. Não me creias morto e não temas. Segue

sem vacilar orientando aqueles que deixo entre vós e aqueles que viveram um dia na porta de Deus[57] *e também estão encarnados hoje entre os povos espalhados no "planeta". Estou vivo apesar de minha carne que sustentou a minha passagem entre vós estar cerrada no silêncio do túmulo. Vai e diz aos apóstolos que me viste após o sepulcro e também todos que estão ao meu lado laureados pela paz que nos sustenta (...).*

Maria de Magdala: Ele, o Senhor, não morreu. A cada um de nós foi dada a missão de continuar. O mundo que não vemos recebeu o Rei em alegria, envolvido no linho de glória. Os povos ouviram seu nome, cantaram a Emanuel e seus ensinamentos libertarão sua mente dos dogmas que escravizam os filhos do Deus a condutas "irracionais", dando lugar à luz de um novo mundo.

"Então, seu espírito vivo se levantou da morte logo após seu último suspiro e continua vivo entre nós e em breve voltará por intermédio daqueles que compreenderam sua mensagem. Ele falará por meio de seus seguidores que vivem no invisível e estes continuarão falando conosco por intermédio dos vivos (...) os quais servirão de 'instrumentos' aos dois mundos[58] *(...)."*

Ao término da leitura da página, a emoção manifestava-se em silêncio em todos os que ouviram aquelas palavras. Filipe apreensivo falou:

– Perdoem-me, mas precisamos encontrar Ramirez e Inarus para saber qual será o plano para libertarmos Morilo, Antoine e Pablo.

– Meu caro – disse Sirilo –, quando enviei um mensageiro até Ramirez buscando oferecer ajuda à sua família, ofereci, também, apoio para libertá-los. Então nós o acompanharemos nesta empreitada.

– Creiam – intercedeu Yasir –, também estarei com vocês. As mulheres estão seguras aqui.

Núbia aproximou-se de Cecile contemplando-a com muito carinho. Com simpatia, segurou-lhe a mão direita examinando-a com profundidade, de acordo com os hábitos de seu povo. Em seguida, secou uma inesperada lágrima que escorria pela face e disse:

– Tenho um sentimento que já nos encontramos em algum lugar de nosso passado. Meu povo é muito sensível conhecedor de muitas coisas. Sinto como se estivesse reencontrando você e sei que é detentora dos mesmos dons que possuo e espero que juntas possamos aprender muito mais do que já recebemos de nossa vida.

– Também não é para mim alguém desconhecida. – Abraçando-a prosseguiu: – Seja qual for o motivo deste encontro, espero que sejamos amigas.

Sirilo chamou um amigo e rompendo aquele momento disse:

– Eles ficarão conosco. Arrume uma acomodação para nossos amigos. Vamos, preparem os cavalos para seguirmos agora mesmo.

As mulheres despediram-se de seus esposos enquanto eles, sem perda de tempo, partiram. O céu estava bordado de estrelas que iluminavam aqueles corações que, mesmo aflitos, acreditavam que o amanhã lhes reservaria sempre o melhor.

Sem demora, seguiram para encontrar Ramirez que estava escondido estrategicamente nas cercanias do acampamento.

Ao chegarem ao destino, Ramirez e Inarus os recepcionaram e, após as saudações, Filipe adiantou-se:

– Não há tempo a perder – disse Filipe preocupado –, temos de libertar os rapazes quanto antes.

– Compartilho de suas preocupações – disse Ramirez –, pois meu filho também está lá e agora não fala o líder de um movimento, mas o coração de um pai aflito. Além dos ideais que ensinei a meu filho, ele afeiçoou-se demais a Antoine e a Morilo. Se não fosse Inarus e seu plano para libertá-los eu já teria invadido aquele local com toda a força que possuo. Além do mais, temo por eles, pois esses jovens possuem uma alma guerreira; assim sendo, a Igreja e os guardas que nos procuram não terão piedade deles. Entrego a Deus a sorte desses corações.

– Temos de nos manter calmos para não cometermos erros – intercedeu Inarus. – Algo muito forte está a nosso favor. Ramirez construiu o "edifício" onde eles estão; portanto, conhece todas as suas fragilidades. Além do mais, soubemos que em razão de uma convocação especial do bispo Miguel Villanueva, há somente cinco guardas fazendo a segurança da prisão onde eles estão. Será muito fácil libertá-los, desde que confiem em nós e não façam nada sem nosso comando. Os médicos nos aguardarão nas proximidades e não entrarão conosco. Contamos, ainda, com o reforço de dez homens que Sirilo colocou à nossa disposição, objetivando pouparmos nosso agrupamento e nosso ideal. – Pondo a mão direita no ombro de Filipe continuou: – Morilo é para mim tal qual um filho. Sabe bem que daria minha vida por ele. Rogo a Jesus que consigamos tirá-los de lá com vida e para isso tudo que estiver a nosso alcance.

– Meu amigo, confio em você e no amor que tem por ele. Sou grato pelos sentimentos que manifestou a ele, e isso me conforta. De minha parte, reconheço que foi o pai de que ele sempre necessitou. Além do mais, Antoine também nos é muito caro e necessita de nós. Seguiremos todas as suas ordens.

Assim sendo, encerrando o assunto, aqueles homens seguiram para o local onde os jovens estavam.

Tudo ocorreu conforme fora planejado.[59] Os homens liderados por Inarus invadiram o "edifício" e com agilidade e rapidez renderam os guardas.

Nesse ínterim, Inarus, devidamente escoltado, chegou à cela onde estavam os jovens e constataram que não havia mais nenhum preso, o que lhes facilitou a ação.

Todavia, a violência era evidente nos corpos dos jovens: Antoine visivelmente abatido e ferido estava deitado no chão sem forças; o estado de Morilo também anunciava o pior, enquanto o corpo desfalecido de Pablo dizia por si que a morte já lhe era uma realidade.

Imediatamente, Antoine foi socorrido por dois homens enquanto Inarus, com lágrimas nas faces, ao perceber que os ferimentos de Morilo eram graves, auxiliou-o, ajudado por seus amigos. Enquanto isso, Ramirez segurando a cabeça do filho nos braços, chorava convulsivamente.

Respeitando o amigo, Inarus ordenou que um dos homens carregasse Pablo para, em seguida, partirem daquele sombrio ambiente e seguirem para o agrupamento de Sirilo.

Nas proximidades, Filipe, Yasir e Sirilo os aguardavam. Assim que os encontraram imediatamente acomodaram os jovens na carroça. Os médicos visivelmente preocupados colocaram-se prontamente à disposição para tentar aliviar-lhes os sofrimentos.

Enquanto isto, Ramirez permanecia ao lado do filho tentando buscar forças para enfrentar sua perda. Apesar de ocupar a posição de um líder guerreiro, as lágrimas paternas cristalizavam-se em seu rosto tais quais sólidos cristais.

Yasir socorreu Antoine e constatou que ele resistiria aos suplícios. Neste ínterim, Filipe, ao lado de Inarus, sabia que o corpo franzino e limitado de Morilo não suportaria a tantos ferimentos ocasionados pela severidade e impiedosa força com que agiu a guarda tentando friamente arrancar-lhes informações e confissões.

Assim o grupo exausto seguiu em um silêncio que era às vezes interrompido pelas ordens emitidas pelos homens visando conduzir os animais por aquelas estradas escuras, que as estrelas do céu não iluminavam.

Capítulo 21

Ciganos e cristãos, o encontro de duas culturas

Pouco tempo depois, chegaram ao acampamento.

Laila, esposa de Ramirez, ao vê-los foi ao encontro deles. Ao deparar com o filho morto, seu desespero despertava piedade nos presentes.

Antoine foi encaminhado a uma tenda onde Nora apaixonadamente não saiu de seu lado e, após Cecile certificar-se do bem-estar do irmão, seguiu para auxiliar Filipe.

Acomodado em um leito rústico, Morilo recebia a atenção de Filipe e Inarus, quando Cecile aproximou-se emocionada ouvindo Yasir relatar a Catarina todas as ocorrências.

Imediatamente, Morilo, com dificuldade e voz tênue, percebeu a dor dos amigos e disse:

– Resistimos e nada falamos. Eles queriam que denunciássemos toda a rede de distribuição dos textos que organizamos, mas fomos fiéis à causa em que acreditamos. – Com um suspiro profundo, buscou forças e continuou: – Sei que estou morrendo, mas agradeço ao Senhor porque fui privilegiado, Jesus concedeu-me a oportunidade de dividir este momento com meus amigos, mas sei que terei de enfrentar sozinha minha travessia. Rogo, por misericórdia, que não se sintam vencidos. Os textos são mais importantes e, se os deixarmos morrer, a humanidade não conhecerá o conforto de saber que não somos filhos de uma única vida.

Diante daquela cena, antes mesmo que alguém pudesse dizer uma só palavra, o jovem lançou um último olhar a todos e, sereno, retornou à vida espiritual.

As lágrimas não podiam ser contidas e aqueles corações não omitiam a emoção. Algum tempo depois, mais refeito, Filipe retirou um texto de seu bolso e, vencendo a sua dor, leu-o com voz trêmula:

Jesus: reflexões sobre a imortalidade[60]

> *Jesus: Se fôssemos filhos de uma única existência seríamos tais quais as árvores desnutridas (...) que perdem suas seivas em virtude de serem podadas e, conseqüentemente, não suportando a poda morrem sem esperança e se olvidam que podem produzir seus brotos e reiniciar mais um ciclo de sua vida.*
> *"Um dia compreenderão que o reino do céu reside em cada um, (...) na transformação de sua mente e no amor que tudo soberanamente modifica; como somos filhos de muitas existências, em cada morte temos a oportunidade de renascer e modificar a sombra da tentação que habita em nós.*

Daniel[61]*, que veio antes de mim e que nasceu mais vezes depois, ainda antes de mim, a ele foi dada a compreensão das grandes visões que acercavam a humanidade no reinado de Ciro da Pérsia. Mesmo quando a mortalha revestir os homens, estes viverão e carregarão em si o aprendizado de muitos tempos. (...) Após o silêncio da carne, habitamos o mundo dos anjos que foram exaltados no passado e descritos por Daniel, o qual recebeu deles intuição e força para enfrentar os leões em suas covas (...). Leões estes que representam as trevas que ainda residem no coração do homem e que necessita encontrar a luz."*

Enquanto a emoção envolvia aqueles corações embalados ao som da voz de Filipe, no invisível, as figuras iluminadas de Maria Alcântara e don Sancho derramavam intensa luz azulada sobre eles.

Morilo, aturdido, tentando compreender aquela nova realidade ao ver Esteban, que com carinho e extrema demonstração de amor amparava-o, disse:

– *Tenho consciência de que se está aqui e posso senti-lo como outrora é porque morri.* – Preocupado, perguntou: – *Onde está Pablo? Sei que ele veio para cá antes de mim, pois ele foi removido do cárcere e quando retornou identificamos que ele estava morto. Antoine como está?*

– *Por agora, abrande seu coração. Pablo já foi acolhido e removido para o mesmo local para onde irá em breve e Antoine continuará ao lado de nossos amigos dando continuidade à distribuição dos textos. Serene sua alma para que eu possa auxiliá-lo...*

Morilo, exausto e vencido pelo intenso carinho que lhe era oferecido, foi envolto por forte torpor e, banhado por uma luz azulada, partiu ao lado dos amigos espirituais.

Já com os primeiros raios do Sol anunciando novo dia, os tablados ciganos, outrora felizes, guardavam um silêncio triste. Brevemente, os corpos dos dois jovens foram preparados para o sepultamento.

Devido ao medo imposto pela Igreja, os ciganos mantinham-se distantes das demais crenças e também do Cristianismo.

O agrupamento de Sirilo permanecia refugiado mantendo-se reservado para não expor os médicos procurados.

Laila e seu esposo sentiam a dor da ausência de seu filho Pablo, enquanto os demais tentavam, dentro das limitações do momento, aceitar as perdas dos seus entes queridos.

Antoine recuperava-se dos ferimentos, enquanto isso, entre Núbia, Cecile, Catarina e Nora iniciou-se uma grande amizade. A cigana ensinava seus costumes e crenças àquelas mulheres e, em contrapartida, elas falavam sobre os textos e Cecile demonstrava a forma de comunicação com o invisível, transmitindo-lhe os conceitos sólidos e sem preconceitos do Cristianismo renovador.

Naquela noite, reunidos em volta de uma fogueira, ouviram Cecile orar fervorosamente o "Pai-Nosso". Surpreendendo a todos, Núbia, emocionada e com os olhos marejados de lágrimas, pronunciou a mesma prece no idioma dos ciganos, o romani.

As ciganas mais velhas mantinham-se em silêncio, envolvidas por uma forte emoção. Suas dúvidas davam lugar a um sentimento sem preconceitos. Sirilo beijou a testa de Núbia e disse:

– Daqui para a frente, gostaria que em nossas festividades religiosas esta oração sempre estivesse presente.

Capítulo 22

Da revolta ao nascimento de um soldado

As paisagens de Barcelona encontravam-se inóspitas. O rastro dos confrontos entre os "Calceteiros", o poder local e a Igreja era evidente. Nas ruas, as pessoas caminhavam assustadas, com medo e em silêncio.

Naquela tarde, Armando de Segóvia e Diego estavam na Catedral central quando um soldado adentrou o recinto e, após beijar a mão direita do bispo, resumiu-lhe os fatos ocorridos e concluiu:

– Senhor, infelizmente as notícias que trago não são boas. O cárcere foi invadido, nossos homens foram mortos e os presos fugiram, levando até o que já estava morto.

– O que está dizendo? Como puderam cometer tamanha falha? Quão vulnerável estava nossa guarda para permitir esta ofensiva?

– Além do mais, não estamos conseguindo conter a rebelião que continua violenta. Fomos informados de que os ciganos se juntaram a eles. Os líderes receberam deles proteção e aquele grupo de médicos os quais Vossa Excelência nos solicitou especial atenção estão sob a custódia destes infames e não descobrimos onde estão.

– Bando de incompetentes! Quero que matem sem piedade cada maldito cigano se necessário for. – Envolvendo-o no seu fanatismo, prosseguiu: – Lembre, filho, está trabalhando em nome de Deus e não pode jamais permitir que o demônio se aposse dos nossos. Não se esqueça de que nossa missão é fazer com que as almas aceitem os dogmas da mãe Igreja.

O ambiente foi envolto por vibrações negativas que podiam ser notadas na expressão de cada um. Diego, que até então só ouvia, disse:

– Entre minhas orações recebi uma mensagem dos Céus. – Dissimulando continuou: – Se de fato os médicos estão com os ciganos e, se eles estiverem apoiando o movimento rebelde e, se querem conter o mais sábio entre eles, aquele chamado Filipe, então só há um caminho: matem uma mulher chamada Cecile.

– Meu caro, sempre muito astuto. Não sei quem é esta mulher, mas pelo que diz, ela é muito importante. Tem razão, para isolarmos os inimigos temos de agir contra aqueles a quem eles amam.

– Senhor, encontraremos esses homens – disse o soldado.

Sem demora, despediram-se e o soldado partiu.

Nesse ínterim, no agrupamento cigano, Ramirez e Inarus organizavam seus homens para enfrentar os combates.

– Meu amigo – disse Inarus a Filipe –, é necessário que você aprenda a se defender, pois não sabemos o que ocorrerá conosco amanhã. Não tardará para que os homens da Igreja venham nos procurar.

– Compreendo o que diz – respondeu Filipe pensativo. – Quando era mais jovem, tive muitos sonhos que me remetiam aos campos de batalha. Não conseguia compreender o motivo dessas visões. Nelas eu sempre liderava um grupo de soldados com muita habilidade. Todavia, hoje sou um médico que jamais conheceu a arte das guerras.

– Querido – disse Cecile, carinhosamente aproximando-se –, somos filhos de muitas existências e trazemos lembranças de um passado que vez ou outra se apresenta de alguma forma para modificarmos nosso interior. – Abrindo um texto, prosseguiu: – Veja esta página:

JESUS: FRAGMENTOS SOBRE O ESQUECIMENTO DO PASSADO[62]

Jesus: Tudo o que o homem se propuser a entender em nome de meu Pai não será desprezado em razão das muitas existências que ele viverá.
"A sabedoria que eu trago e que é apoiada por aqueles que seus olhos não vêem resistirá ao tempo e atravessará as estradas de um mundo futuro onde muitos nascerão e farão meu nome permanecer entre vós.
Tudo o que aprendemos por meio das diversas experiências vividas serão acumuladas (...) e se transformarão em realizações.

Portanto, é bem-aventurado aquele que se esforça para compreender as lições que trago sobre o amor, a transformação pessoal, a renovação do pensamento e, sobretudo, que tudo podemos mudar desde que sejamos persistentes no aprendizado.
O Senhor habita em cada um de nós.
Acumulando a sabedoria de muitas passagens pela Terra e praticando o que eu ensino, educando e edificando, amanhã todos saberão que poderão manifestar a força celestial contribuindo para a construção deste mundo para o melhor (...)"

– Ao certo, já viveu isso em alguma de suas vivências – disse Yasir que, alterando o rumo da conversação, concluiu: – Creio que Inarus tem razão. Devemos aprender a nos defender.

Sem discussões, os médicos concordaram com o amigo e brevemente colocaram-se a aprender as estratégias de combate definidas por Inarus e Ramirez.

Na manhã seguinte, o grupo de Sirilo levantou acampamento, objetivando seguir para França e se preservarem.

Organizados conforme as ordens do cigano, Inarus e Ramirez acompanhavam a caravana que avançava lentamente. O silêncio triste era interrompido pelo som dos trotes dos cavalos. Nas carroças rústicas, o rosto de homens, mulheres e crianças não escondia o cansaço. A característica alegria daquele grupamento guardava-se em respeito ao sofrimento dos novos amigos.

Sirilo aproximou-se de Inarus e Filipe disse:

– Meus amigos, um dos nossos avistou um grupo de soldados se aproximando de nós. Sugiro dividirmos o grupo para assegurarmos nossas mulheres e crianças. Elas não estão acostumadas a se defender. É melhor reunirmos os homens enquanto elas se esconderão. Devemos nos preparar para um combate.

Sob as ordens do cigano, seu povo se organizava para seguir as ordens, assim como o grupo de rebeldes "calceteiros", liderado por Inarus e Ramirez, também se preparava para enfrentar a situação apreensiva, quando foram, de pronto, afrontados pelos soldados.

Em cenário inenarrável, a luta foi inevitável. Os médicos combatiam ao lado dos amigos, buscando sobreviver. Poucos conseguiram salvar-se: não foram poupadas mulheres, crianças nem mesmo os idosos.

Nesse ínterim, os soldados bateram em retirada visando buscar reforços. Conseqüentemente, o saldo de mortes superava o esperado.

Entre os mortos encontravam-se Laila, Inarus e Ramirez. Assim terminava "A Revolta dos Calceteiros", ficando deles somente a lembrança no coração daqueles que haviam sobrevivido ao difícil e cruel confronto.

Capítulo 23

Cecile, recordação eterna de muitas vidas

O confronto havia se encerrado. Enquanto os homens socorriam os feridos, o desespero de Filipe não foi ignorado e era compartilhado por todos, pois Cecile havia sido ferida. Sem demora, ele, acompanhado por Yasir, Catarina, Sirilo e Antoine, acolheu-a em uma carroça e se dirigiu para um local seguro nas proximidades.

Ao chegar, improvisaram uma tenda e Filipe, desesperado, disse:

– Tragam-me água! Vamos, não podemos perder tempo!

Em uma luta vencida, tentava aliviar as dores de Cecile. Imediatamente, segurou-a em seus braços, aproximou-a de seu coração tentando inutilmente transferir-lhe a própria vida, enquanto chorava convulsivamente:

– Por misericórdia, não vá, pois estou morrendo com você, mas ainda continuo vivo. Deus, fazei com que este dia não exista da forma que estamos vivendo agora.

Buscando forças e inspiração no invisível, ela acariciou-lhe a face exaurida e falou com dificuldade:

– Querido, não podemos viver a vida despertando a cada manhã querendo que seja outro dia, assim como não podemos querer que nossa vida seja outra. Devemos aceitar os desafios de cada momento, pois eles iluminam nosso coração. Quando nos deixamos levar pelos sentimentos de ódio, nos transformamos em seres ofuscados e marcados pelas trevas. Devemos perdoar, seguir, separar e esperar.

"Nossos opressores nos oferecem uma grande oportunidade para aprendermos a paciência e crescermos diante das diferenças. O Senhor conhece as nossas necessidades e oferece o suficiente para cumprirmos a bela missão chamada viver. Aprendi isso com o tempo e, sobretudo, com os dias em que vivi a seu lado."

– Não, não – disse Filipe desesperado. – Você ficará bem. Farei tudo para que possa estar em pé em breve.

– Bem sabe que isso é impossível. Agradeço a Jesus por partir mergulhada em seu olhar, reconfortada em seus braços e envolvida pelo calor de seu coração. Você é meu eterno amor e para sempre habitará em minha alma assim como sei que também habito na sua. Meu amado, muitas vezes somos arrebatados por fatos que não esperávamos. Todavia não devemos entregar nosso coração ao desespero.

"Continuemos conscientes mesmo quando nos sentimos sós ou esquecidos. Não existem sofrimentos capazes de fazer nos afastar de Deus. Meu coração pertence a você e com você tenho coragem para enfrentar solitariamente meu destino. Rogo que não despreze o que as linhas da vida lhe reservam e não desista de nossa luta em razão de tristezas ou sofrimentos. Não estamos juntos por acaso. O Senhor aguarda de nós nosso empenho em seu nome. Não desista de lutar por Jesus."

– Não suportarei viver sem você! Não conseguirei definir pelas linhas da razão, mas inexplicavelmente sinto-me como se já houvesse experimentado este momento muitas vezes, como se a vida houvesse tirado você de mim e parece que não terminamos as páginas de nossa vida, pois as lágrimas nos acompanham... Não, não suportarei continuar sem você.

– Rogo que não se revolte, mas que aceite as regras impostas pela vida mesmo que não as compreendamos. Crescemos e encontraremos a libertação de nossa vida, aí poderemos permanecer juntos. – Após longo suspiro, prosseguiu: – Nos seus braços, sinto-me tal qual um pássaro sustentado pelo amor dos ventos. Você é o vento que me faz voar e me leva ao céu, reservando um vôo seguro e pleno abençoado pelo perfume das mais belas primaveras e não tenho medo. De onde estiver ficarei esperando por você por toda a eternidade. Por ora, permaneça com Jesus, pois estarei com você.

No silêncio iluminado, Cecile fechava seus olhos brilhantes. Filipe abraçou-a efusivamente e chorando convulsivamente disse:

– Você também é eternamente meu amor. Ouço sua voz no fundo de meu coração, entre lágrimas infinitas sei que do outro lado o encontrarei, mas rogo ao Senhor que me sustente. Toda vez que caí no chão olhei para o céu azul e esperei que Jesus enviasse meu alívio; você foi meu verdadeiro alívio e sem dúvida meu caminho.

Tenho consciência de que essa estrada em que adentrou agora é o caminho que deve seguir assim como eu seguirei o meu.

"Não podemos ver o fim, mas podemos sentir que uma luz nos abraça e com ela seguimos fortalecidos. Que meu peito em chamas permita-me ouvir a sabedoria da continuidade de nossa existência. Sem melancolias, pesares ou tristezas, que Deus nos ensine a abrir as janelas e a recomeçar. Em cada recordação que terei de nosso amor que ela me leve até você, enquanto a promessa desse reencontro seja concedida para nós."

Enquanto a tristeza daquele momento não podia ser evitada, no invisível, as figuras cândidas de Maria Alcântara e don Sancho faziam o recinto ficar envolvido por intensa luz dourada. Esteban, com carinho, acariciando os cabelos de Cecile, permitia que ela ouvisse as últimas palavras de Filipe. Com o coração voltado a ele mantinha-se emocionada e entre uma mescla de consciência de sua morte e vontade de permanecer ao lado de seu amor, foi amparada e envolvida por forte torpor. Em silêncio partiram deixando no ambiente o perfume suave das recordações amadas de muitas vidas.

Na noite seguinte, após o sepultamento de Cecile, no acampamento rústico e improvisado a tristeza imperava soberana. Todos se compadeciam do sofrimento de Filipe, porém nada podiam fazer para aliviar-lhe a dor de tão especial perda.

Yasir e Catarina, com respeito, aproximaram-se. O médico pôs delicadamente a mão direita no ombro do primo tentando consolá-lo. Filipe, enxugando as lágrimas, trazia nas mãos um dos textos traduzidos por Bernard e que ainda não havia sido distribuído.

– O que está lendo? – perguntou Catarina.

– Cecile estava preparando este texto para que Morilo e Antoine o distribuíssem. Ela me entregou dias antes de seu silêncio. Tenho lido sucessivas vezes porque cada vez que meus olhos repousam sobre essas letras sinto-me aliviado. – Secando as lágrimas disse: – Escutem:

Jesus prepara Maria de Magdala para sua partida[63]

Naquela noite, que anunciava as vésperas da partida do Mestre, Ele, consciente de que seus dias entre os homens chegavam ao fim, após ter falado aos seus discípulos sobre a difícil realidade de sua partida, refugiou-se solitário nas proximidades da casa de Pedro. Maria, a mulher da cidade de Magdala, aproximou-se e, ao vê-Lo, ajoelhou-se e repousou sua cabeça em seu colo. Ele, cheio de compaixão, afagou-lhe as madeixas e entre lágrimas ela disse:

Maria: Jamais me enganaste quanto à tua ausência. Vivi ao teu lado reservada ao meu silêncio. Dentro de meu coração cultivei a esperança de que ficarias conosco e que a morte não lhe seria verdade. Em meio a tão violenta perseguição de teus ideais, sinto que os algozes se aproximam e não suportarei viver sem ti. (...) Temo o dia em que terei de atravessar solitariamente os portais da morte sem te encontrar porque sei que em mim habitam muitas faltas e elas serão o abismo que nos separa.

Jesus: Minha história não se encerrará na morte e um dia a humanidade compreenderá parte das verdades que me cercam. Continuará muito além, pois nada separa aqueles que se amam verdadeiramente. Não há morte quando se faz vida e ela continua além das falsas crenças dos homens, porque a continuidade da existência é uma verdade de meu Pai. Mesmo que o teu coração chore minha separação, em verdade te digo, que quando meus olhos se cerrarem para este corpo, estarás mais próxima de mim habitando meu espírito.

"A ti está reservada a missão de continuar e defender meu Nome até a tua morte. Após o silêncio de teu corpo te esperarei, pois teu amor e fidelidade a mim suplantaram a distância (...). Em breve não estarei entre vós, mas não me busques na lágrima triste e no sofrimento que os teus olhos presenciarão quando eu estiver diante de meu testemunho. Morrerei para a carne, mas não para o espírito, portanto não devemos temer a morte.

Quem a teme assemelha-se àqueles que trazem em si uma fé frágil e preservam a ignorância sobre o Reino de Deus que não pertence à Terra. Não declines tuas esperanças às vias do medo, das trevas e da dúvida. Não importa o passado, estarei contigo até o final dos tempos. Não és pária ou ralé nem tampouco serás excluída das vinhas de meu Pai. Não te penitencies de joelhos e não caias na negação. Transforma-te no trabalho e na fé que tudo compreende, espera, educa e, sobretudo, transforma (...)

Não desperdices o tempo que repousa em ti (...). A tristeza é chaga inútil para o espírito. Quando findar a borrasca destruidora provocada pela minha ausência, a saudade invadirá tua alma, qual a sombra da tempestade. Mas, para aqueles que prosseguirem servindo em meu nome, após o escuro anoitecer, sempre virá a luz de um novo amanhecer (...)"

Catarina, após ouvi-lo, como se estivesse envolvida por uma inspiração superior, disse:

– Qual, dentre vocês, é o homem que, se seu filho lhe pedir pão, lhe dará uma pedra?[64] Nossas dores não são as únicas no universo; portanto, levantem-se e não permitam que o manto negro da noite abrace a luz de suas almas. Devemos olhar nossos opressores com consternação, eles também são filhos de Deus assim como nós. Nosso Senhor jamais permitiria que o nosso sofrimento fosse além de nossas forças.

"Mesmo quando acreditamos que nossas estradas são escabrosas, devemos esperar com resignação, pois a vitória brilha além do corpo, além de nossa própria razão. Sejamos corajosos e tenhamos em nossa alma fé racional para continuarmos vivendo, considerando a vida a oportunidade intransferível que o Senhor nos concedeu em regime temporário de empréstimo. Devemos reagir diante dos nossos inimigos com o estandarte do amor acreditando que tudo passa menos o amor que Jesus tem pelos filhos de Deus. Erguemo-nos com firmeza, pois ninguém sofre sem que haja um motivo especial para isso. Se não sofremos por nós mesmos, alguém necessita de nosso exemplo para iniciar sua transformação pessoal. Ao Cristo bendito devemos render graças, e à vida glorificarmos porque simplesmente estamos vivos."

– Sou grato pelas palavras – disse Filipe e com carinho beijou a testa de Catarina. – Serei forte mais uma vez e buscarei na coragem uma maneira de continuar, pois sem meu amor retornei à velha e conhecida solidão. Tenho consciência de que não importa o tamanho de nosso sofrimento ou quanto nossa alma esteja sangrando, pois os mais tristes são aqueles que perderam a fé – não é o meu caso, não a perdi. Aprendi nas estradas de minha existência que tudo passa menos as coisas celestiais; estas habitam em nossos corações e uma delas é Cecile. A esperança de reencontrá-la e minha verdadeira fé vivem em mim e sei que Deus não nos abandonará.

Catarina abraçou-o com bondade tentando confortar-lhe o coração e transmitir um pouco de paz à sua alma exaurida.

Capítulo 24

Da "Cruzada" pela luz, às verdades que o tempo não apagou

A difícil viagem para o vilarejo da França, objetivando encontrar Etiene, continuou sofrida para o grupo.

Nora, carregando uma vida em seu ventre, sob os cuidados da experiente Catarina, enfrentava corajosamente e resignada aquelas sinuosas estradas, sem reclamações ou desesperos.

Filipe, fechado em seu silêncio, levava em sua alma muitas histórias e, entre incontáveis lembranças, Cecile ainda habitava seu ser.

Yasir e Antoine seguiam preocupados com os detalhes da viagem, buscando chegar o mais breve possível ao destino almejado.

Ao chegarem, enquanto o agrupamento cigano buscava um local seguro para montar seu temporário acampamento, sob as ordens de Sirilo, um homem foi designado para buscar Etiene na rústica estalagem.

Etiene chegou pouco depois e, identificando os amigos, imediatamente foi calorosamente recepcionado. Após as saudações, os médicos lhe relataram as ocorrências vividas e com emoção o francês disse:

– Meus caros, recebo com muito pesar as tristes notícias sobre as mortes de nossos amigos, especialmente de Morilo e de Cecile assim como a de todos os suplícios pelos quais passaram. – Pondo a mão direita sobre o ombro de Filipe prosseguiu: – Compartilho de tua dor. Nos dias em que estive com vocês aprendi muito com ela, grande e encantadora amiga e serva do Senhor.

– Não posso omitir minha tristeza – respondeu o médico com a voz embargada –, nem como o pai que sei que não pude ser e tampouco como alguém que não pode mais compartilhar seus dias com seu grande amor. Tenho ciência de que nada é em vão em nossa vida. Para que as mortes de Cecile e de Morilo não tenham sido em vão, até o último dia de minha existência, permanecerei lutando para fazer com que estes textos continuem sendo distribuídos mantendo a verdade sobre a continuidade da vida.

"Mesmo que a ignorância obscureça a nossa mente, que o sofrimento transfigure as nossas feições, que o sentimento de derrota de hoje pareça eterno, confio que amanhã venceremos. Um dia os homens olharão sobre seus próprios ombros e saberão que nenhuma verdade poderá ser oculta diante do Senhor. Preparemo-nos para as provas, se queremos servir ao Senhor. Confiemos, pois Jesus nos auxiliará e com Ele estaremos protegidos."

– Passaremos a noite aqui – disse Sirilo –, logo depois seguiremos para o Oriente, onde tenho alguns amigos simpatizantes do

Cristianismo. Ajudarar-nos-ão a nos refugiar naquelas paragens. Por ora, devemos descansar.

Na manhã seguinte, enquanto faziam o desjejum, Etiene e Antoine aproximaram-se e anunciaram que tudo estava pronto para partirem. Logo após, Etiene interveio:

– Por toda a noite não deixei de pensar em tudo o que viveram em nome de um ideal e, sobretudo, para manterem vivo o teor destes textos – falou Etiene com um semblante reflexivo. – Entre muitos pensamentos, recordei-me de um movimento religioso, o dos Cátaros, que cresceu muito no sul da França, se estendendo na região de Flandres e da Catalunha. Por rejeitarem a versão bíblica da criação do mundo, assim como, todo o Antigo Testamento; acreditarem na "reencarnação"; serem contra a confissão e as riquezas dos ornamentos ostentados pelos padres e bispos e contra atrocidades cometidas por eles, mantiveram sua fé em segredo tentando se preservar. Todavia, nada foi suficiente para mantê-los vivos e conter a fúria dos cruzados religiosos que os acusaram de heresia e até mesmo de adoradores do diabo, levando-os a vis torturas ou fogueiras. Tudo fizeram para calá-los, mas não foi suficiente. – Buscando no ar inspiração, Etiene disse: – Tamanho egoísmo fez com que esses textos fossem retirados das Escrituras. Não posso aceitar o motivo que levou o prelado católico a ter omitido essas páginas da humanidade. Por tantos anos fomos obrigados a aceitar dogmas que massacraram nossa mente com mentiras que fizeram a humanidade estagnar diante dos conceitos de que a vida corporal é uma só.

– Conheço essa história – disse Filipe –, assim como de muitos que viveram pela causa do Cristianismo e sofreram as conseqüências de crerem não nos dogmas impostos pelos homens, mas sim na verdade que Jesus foi e será o marco fundamental em todos os tempos. Transformação plena da humanidade, entretanto não podemos omitir que a reencarnação sempre esteve presente em nossa história, vencendo os séculos, civilizações e culturas. Não podemos nascer uma vez só, assim como, morrer uma única vez. Somos filhos de Deus e jamais poderíamos encerrar nosso aprendizado numa única existência.

"Nosso presente é o reflexo de nosso passado, de acertos e erros, presenteado com a nova oportunidade de recomeçar". – Suspirando Filipe prosseguiu: – "Em novas existências reencontramos amores que marcam positivamente nosso coração, assim como reajustamos um pretérito muitas vezes estruturado no egoísmo, no ódio ou nas alucinações; todavia, podemos escrever páginas de uma nova história a cada dia. Para isso, devemos confiar em Jesus e saber que não vivemos ao acaso, mas sim, para sermos melhores do que fomos ontem."

– Os ecos do Concílio de Constantinopla datado de 553 d.C. – continuou Etiene – ainda podem ser ouvidos até os dias de hoje. Interesses políticos e religiosos não conseguiram suplantar a verdade, pois nada é oculto diante do Senhor. O Cristianismo, que foi a essência da transformação da humanidade, todavia foi desviado devido às mentes insanas e cruéis que detiveram em suas mãos as regras da Igreja, pelas longas estradas que as civilizações ousaram atravessar. Entretanto, para atender ao interesse de alguns, criou-se, na crença dos homens, um Cristo dogmatizado, aquém das leis de Deus. Povos foram massacrados por acreditarem em verdades, entre outras, como estas de que a vida não terminava nos limiares do túmulo. Intensas manobras sociais e militares foram necessárias para tentar suplantar essa verdade, mas não contavam que após a morte do Cristo seus apóstolos distribuiriam os textos visando garantir que não seriam perdidos.

– Meus caros – interveio Yasir –, graças à herança deixada, entre outros, pelos pescadores que seguiram Jesus, temos certeza de que não somos filhos de uma única vida. Nenhuma verdade poderá se ocultar por tanto tempo. – Com um olhar perdido continuou: – Lutaremos até o último dia de nossa vida para fazer com que estas preciosidades não se percam nas estradas da insensatez e das sombras.

Tomé – continuidade do Cristianismo[65]

Dídimo Judas Tomé escreveu sobre Jesus as letras que seguem:

Jesus: Vim à Terra para que os homens lembrem-se da justiça do Reino dos Céus e, sobretudo, pela paz. Dar-vos-ei a sabedoria, a coragem, a fé, mas não poderei libertar o coração daqueles que ainda estão presos à própria razão. Serão necessárias muitas existências para que os espíritos que dizem me amar compreendam o motivo de sua existência.

"Um dia nascerão homens pacíficos, mas ainda nascerão homens de guerra. O espírito de igualdade e o de união ainda não habitam seu coração. Lembrai-vos, pois: tudo o que teus olhos vêem nada mais é que o resultado do que viveram no passado.

Bem-aventurado aquele que ouviu minhas palavras, falou o que eu disse; mais feliz será aquele que permitiu que o coração do homem fosse tocado pela transformação. Assim, um dia seremos um único pensamento, uma única realidade e encontraremos enfim o Reino dos Céus.

Enquanto o dia da unicidade dos pensamentos não chega, haverá diversas diferenças de idéias porque o homem que se diz de Deus ainda não possui condições de compreender as leis que regem o Céu e a Terra.

Somente compreenderão quando o espírito único viver muitas outras vidas. Aí seus olhos verão o que não podem ver agora, seus ouvidos ouvirão o que não conseguem ouvir, sentirão e viverão eternamente a vontade de meu Pai.

Então, agora não vos lamenteis pelas diferenças e conflitos de opiniões entre aqueles que dizem que me amam. Não vos prendais aos dogmas religiosos: neles não me encontrareis. Ide, pega vosso cajado e ide cuidar de vossas ovelhas que aguardam o pão do espírito para saciar a fome e libertar sua mente (...)"

E, assim, aqueles filhos de Deus permaneceram em conversação e, cheios de esperança e fé, definiam os planos para um desconhecido amanhã; carregando em seu silencioso coração a máxima: "*Nascer quantas vezes forem necessárias, mas aprender em cada uma delas, mais de um milhão de vezes...*"[66]

Breve relato

Nobres amigos, voltemos às suas mãos confirmando nosso eterno vínculo com as leis cristãs que habitam nosso espírito e iluminam nosso coração.

Somos gratos ao Senhor por nos confiar mais esta missão de trazermos ao chão esta história verídica que marcou almas-irmãs, modificando o rumo silencioso de vidas, agitando o movimento cristão em uma época em que as trevas lutavam incessantemente contra a luz sob os alicerces da "Santa" Inquisição.

Também não podemos prescindir de todos os confrades amados que nos auxiliaram nessas lembranças. Com eles divido todos os créditos desta obra porque são, para mim, mais que amigos, e sim irmãos em Cristo, entre tantos, Tiago e Bernard de cujas abençoadas e especiais companhias jamais eu poderia me privar...

Assim sendo, por designação superior, restauramos alguns textos que foram excluídos da *Bíblia*, mas que compuseram o Cristianismo e que estavam contidos nos Evangelhos, inclusive nos apócrifos.[67] Esses textos registram a imortalidade, a ruptura com o credo de penas eternas, a pluralidade da existência. Foram retirados das páginas da história em razão dos excessos e abusos do poder da Igreja Católica Apostólica Romana que, no período da "Santa Inquisição", apresentava-se como senhora absoluta, ditando leis, modificando vidas e, sobretudo, verdades deixadas por Jesus Cristo em seu reinado de amor e lucidez.

Salientamos que a autoria de muitos deles foi de Bartolomeu, André, Filipe, entre outros, quando o "*apóstolo do coração*"[68] esteve presente na região do Oriente evangelizando os povos daquelas paragens, cuja grandiosa e inesquecível história relatamos em *Salmos de redenção*.

O apóstolo Bartolomeu teve uma grande importância na divulgação dos temas relacionados à "reencarnação", vida após a morte e a imortalidade, uma das razões de seu nome ser pouco citado nos Evangelhos atualmente conhecidos.

Entretanto, em virtude desses textos terem sido escritos há muito tempo em línguas primitivas e também consideradas mortas, decidimos adequá-los ao máximo à atualidade para serem mais bem compreendidos. Salientamos que essa adequação não anula a sua autenticidade e integralidade. Informamos que as (...) aqui utilizadas nos parágrafos dos textos significam que não encontramos as respectivas traduções para línguas latinas ou para o inglês.

Aos respeitados historiadores e estudiosos da doutrina cristã, mais uma vez afirmamos que não há pretensões em confrontarmos éditos, documentos ou confundir as linhas históricas traçadas outrora. Nosso objetivo foi trazer as histórias silenciadas pelas forças dos homens que fizeram Jesus ser temporariamente sinônimo de irracionalidade, quando muitos utilizaram seu sagrado reinado de amor, em virtude de seus propósitos pessoais, transformando o Cristianismo em doutrina de medo, insensatez e ignorância.

Como em todas as obras que somos convidados a desenvolver, cabe a mim elucidar que, por se tratar de uma história verídica, os personagens aqui citados tiveram suas individualidades preservadas, assim como lugares e parte de suas experiências corpóreas foram trazidos pelas asas do romantismo visando não perturbar aqueles amigos que ainda se encontram enfrentando suas dificuldades e vencendo seus medos.

Todavia, buscamos a força dos personagens entre outros: Bernard, Yasir, Catarina, Morilo Martins, Sirilo e Núbia, que foram citados nos livros *Lágrimas do Sol* e *Cetros partidos*. Eles dão seqüência às suas experiências individuais dedicando a vida à causa do Senhor, elucidando aqueles que estavam distantes das verdades descritas pelas mãos dos inesquecíveis apóstolos. Estavam eles entre aqueles para quem o Senhor havia designado a missão de disseminar o seu *Evangelho* pelo mundo.

Dedicados à tarefa de resgatar o Cristianismo puro sem os dogmas estabelecidos pela Igreja, desvinculados dos seus dogmas, entregaram sua existência em defesa desses escritos. Caminharam marcando seus dias com inabalável fé racional, renúncia, aprendizado – enfim, inevitáveis lutas, porém jamais estiveram ausentes do propósito de Deus: o amor incondicional.

Por fim, por que *Verdades que o tempo não apaga*?

Porque acreditamos que a maior herança deixada pelos seguidores do Cristo foi o exemplo de luta e todos aqueles que batalharam pela causa do Senhor fazem parte da corte celestial e, graças a suas renúncias, perpetuaram o grande ensinamento cristão na Terra, o amor.

Com o coração esperançoso e pleno de alegria, a você, leitor amigo, afirmo que os ditadores da fé passam tais quais as nuvens do céu, mas o Cristo Jesus jamais. Portanto, *Veritas evidens non probanda*, eis a verdade evidente que nós referenciamos: nossa fé racional e, sobretudo, o pilar que nos sustenta, o Cristianismo de luz...

Ferdinando

SÃO PAULO, 6 DE NOVEMBRO DE 2004.

Nobres amigos

Por mais uma vez unir-me aos amigos do chão, envolvido nesta tarefa abençoada por nosso Senhor Jesus Cristo, foi para mim um presente de que, apesar de meu esforço, ainda não me sinto merecedor, mas também não posso preteri-lo.

Ao lado de meu irmão eterno Ferdinando, com quem compartilhei muitas experiências, tristezas e, sobretudo, as alegrias de nossa conversão ao Cristianismo renovador, sinto-me tal qual um jovem que recebeu de um renomado mestre o convite para desenvolver uma missão grandiosa e especial.

Não poderia olvidar-me daqueles amigos, como o amado professor Bernard, que habitam meu mundo e que banhados por uma inquestionável fé, auxiliaram-me nas letras e na organização dessas lembranças que tocam profundamente meu coração e, em especial, de Ferdinando, porque muitos dos personagens aqui citados foram, são e serão para nós jóias preciosas que guardamos no fundo de nossa alma em posição de luz e indubitável amor.

Registro sempre que não me considero um escritor, mas alguém que desenvolveu suas habilidades para conduzir homens, caminhar em campos de batalhas defendendo muitas causas políticas, sociais e, em muitas ocasiões, religiosas.

Todavia, de todas as lutas que enfrentei, às quais fui convocado na posição de militar, recordo-me daquela que travei comigo mesmo, quando em um tempo remoto deparei com as idéias dos primórdios do Cristianismo, que eram difundidas sem armas, violências ou disputas de poderes, mas sim com coragem, fé e esperança.

Naquela oportunidade, não pude ignorar a sabedoria de Jesus, o general de todos os homens. Então, como se fosse um soldado comum, entreguei meu coração a Ele, que fez com que um homem rude, detentor de muitos conhecimentos, se transformasse em alguém que, por amor ao Criador, Senhor de todos nós, entregaria sua existência.

Então, aqui estou, inserido nestas páginas verídicas, em que relembrei amigos, compreendi os inimigos e trabalhei para fazer o Cristo jamais ser esquecido.

Nossa missão foi resgatar uma história real que, por razões que não nos cabe exaltar, foi tirada de todos nós.

Respeitando o leitor, Ferdinando com seu brilhantismo, organizou o retorno desses textos de maneira romanceada para que você, amigo, não perdesse o interesse em sua leitura.

Atendendo ao pedido deste irmão em Cristo, a mim foi reservada a tarefa de falar sobre dois personagens desta obra. O nome Filipe, figura marcante nestas páginas, levou-me às lágrimas emocionadas fazendo meu coração suspirar, tal qual um pai saudoso, ao relembrar sua passagem em *Salmos de redenção*, quando ele abraçou a forte personalidade de Marcus Aurelius e em *Lanternas do tempo*, de quem guardei sua identidade, mas o exaltarei como alguém que somente com muita coragem poderia fazer o Estado Romano se voltar definitivamente para Jesus.

Para mim, falar de Cecile é sentir o perfume de distantes primaveras como aquelas relatadas em *Salmos de redenção*, quando ela era simplesmente Ester, ou em *Lanternas do tempo*, quando ela experimentava a roupagem de nossa inesquecível e amada Lucrécia, luz eterna acesa em nosso coração.

Utilizando sua "mediunidade", ela, entre outros nomes, muito contribuiu para que, no futuro, os experientes médiuns que trabalharam com o codificador pudessem trazer a sabedoria do Espiritismo à Terra. Seus exemplos de amor, dedicação e ensinamentos sobre o tema, deixados e registrados, venceram o tempo e ajudaram os médiuns a lutar contra o preconceito e a acreditar na força das comunicações com o invisível, batalhando corajosamente para vencer a ignorância neste assunto tão sensível que ainda atravessa as estradas do mundo.

Juntos em tão rápida experiência corpórea não estiveram ausentes, como sempre, de suas missões voltadas ao Cristianismo.

Meus caros leitores e amigos, rogo-lhes perdão por me demorar neste posfácio, mas espero que, unidos com a luz celestial que sempre é derramada sobre os filhos de Deus indistintamente, tenham encontrado, nestas páginas de amor, as linhas necessárias para confirmar sua conversão e sobretudo coragem para continuar a marcha individual sempre avante, pois o Senhor nos espera...

Tiago

São Paulo, 6 de novembro de 2004.

Amigos em Cristo

Inicio esta carta envolvido por forte emoção, a qual mal posso conter. Afinal, volver as letras é para mim uma bênção que recebo com muita alegria. Também não posso me esquecer dos pedidos de muitos companheiros, pois até então preferia manter-me no anonimato auxiliando as obras magistralmente elaboradas por meu amado irmão Ferdinando, com um conjunto de estudos realizados outrora como pensador e historiador cristão que fui e sou. Todavia, busquei na língua que me é oferecida a terminologia mais atual para ser compreendido.

Além do mais, todos nós compreendemos que o assunto tratado nestas páginas desperta naturalmente curiosidade e até mesmo dúvidas.

Nesta nota, saliento que a vida de Jesus e de todos aqueles que o seguiram não se resumiu somente ao conhecimento que hoje é reservado aos cristãos, por meio dos caminhos definidos pela Igreja. O Cristianismo teve sua expansão por muitos lugares da

Terra, convivendo com diversas culturas e despertando em muitos estudiosos e povos simples a força de uma fé semeada por Jesus, o Nazareno, estritamente racional e sábia sem dogmas ou desvios de seu primado de amor.

Não podemos ignorar que este imensurável patrimônio não seria restrito a apenas doze homens, conhecidos como os apóstolos.

Nestas páginas, você, leitor, conheceu uma parcela da rede de distribuição de textos que foram excluídos da *Bíblia*. Muitos homens e mulheres – de maneira até mesmo muito singela – ousaram e avançaram sem limites, utilizando-se de cópias transcritas em diversas línguas e de muitas maneiras, visando preservá-las quando o poder político e o sincretismo religioso podiam ameaçá-las.

Foi assim que estes textos e muitos outros foram preservados de geração a geração por um grupo de autênticos cristãos que os conheceram profundamente. Ouso afirmar que muito mais do que nós, historiadores, fizeram o homem Bartolomeu, André, Filipe ou a bela Maria de Magdala cujo nome até a atualidade permanece, erroneamente, envolta em mistérios.

Também não poderíamos calar a verdade de que a mediunidade sempre esteve presente entre os homens e não seria diferente naquela ocasião em que esta história foi narrada.

Motivados pelo credo que nos habita, nas esferas superiores da Terra, nosso Mestre Jesus e muitos confrades reconheceram que era chegado o momento de os cristãos ampliarem suas visões sobre as verdades do Cristo.

Foi por isso que acatamos com humildade as designações reservadas a mim, a Ferdinando e a Tiago, de realizarmos as traduções de muitos textos que envolveram o Cristianismo até então supostamente desconhecidos e que foram distribuídos em muitos países cristãos e não cristãos.

O nosso Senhor Jesus, como havia prometido em sua passagem pela Terra, não abandonou aqueles que lutaram pela verdade. Não permaneceu alheio a todas as ocorrências e atrocidades cometidas alucinadamente em seu nome pelas leis inquisitoriais. Então, reuniram-se nas esferas mais altas seus fiéis emissários do bem para regressarem conscientemente ao chão em missões celestiais para resgatar os ensinamentos que foram silenciados ou transformados ao longo do tempo.

Assim sendo, foi organizada uma grandiosa tarefa para promover a transformação da ideologia egoísta que prevalecia nos corações endurecidos e esquecidos dos objetivos fraternos do Mestre que, no passado, em seu império de luz e sabedoria havia marcado positivamente o rumo do mundo.

Enquanto o mundo físico estava envolvido pelo manto turvo da ambição do "Santo Ofício", marcando almas, estabelecendo vínculos de ódio, dor e amargura, no mundo invisível, verdadeiros exércitos de amor eram selecionados e preparados para fazer, corajosamente, a paz e a verdade volver às consciências humanas.

Com o coração cheio de esperança, uni-me aos meus amados, assegurando a presença da verdade nestas páginas, pois junto a todos recordei as palavras do inesquecível apóstolo do coração,

Bartolomeu: "*nascer quantas vezes forem necessárias, mas aprender em cada vida mais de um milhão de lições*".

Imprimo fraterna saudação.

Bernard

SÃO PAULO, 6 DE NOVEMBRO DE 2004.

Notas

1. *Evangelhos apócrifos*. Todos os textos bíblicos foram extraídos da versão de *A Bíblia de Jerusalém*, nova edição revista e ampliada, São Paulo: Paulus, 2002. As abreviaturas utilizadas nas citações bíblicas seguem as propostas na mesma obra (Nota da Médium)

2. "Contra o crescente avanço do Protestantismo, em 1543 a Igreja Católica impôs a Congregação do Index, cujo objetivo era a censura de livros contrários à doutrina católica e, em 1542, a Inquisição, restaurada pelo papa Paulo III. Dirigida por seis cardeais do Santo Ofício, era composta por um Tribunal Central e inquisidores espalhados por diversos países. Tinha como objetivo a busca e o esmagamento de toda a heresia, ao mesmo tempo que mantinha a fé católica. Em 1559, elaborou a primeira listagem de livros que atentavam contra a fé e a moral: 'O Índice de livros proibidos' (*Index Librorum Prohibitorum*)." (texto extraído do *site*: http://www.feranet21.com.br/dicas/portugues/literatura_brasileira/barroco_brasil_cont_hist/barroco_contra_reforma_catolica.htm – Acessado em 10 de setembro de 2006). (N.M.)

3. A Catalunha é uma comunidade autônoma da Espanha, situada a nordeste da Península Ibérica. Ocupa um território de aproximadamente 32.000 km^2, limitada ao norte pela França, a leste com o Mar Mediterrâneo, ao sul pela Comunidade Valenciana e a oeste por Aragão. A capital da Catalunha é a cidade de Barcelona. (N.M.)

4. Foram relatadas nas páginas do romance *Cetros partidos*, ditado pelos espíritos Ferdinando e Tiago, a história desse personagem, assim como de Esteban, Morilo Martins, Victor Gonzalez, Filipe, Yasir, Catarina, Bernard, Diego, Sirilo e Núbia, entre outros que são citados nesta obra. (N.M.)

5. Entre diversas razões, inclusive particulares, esse nobre amigo merece uma menção especial. Confrade e irmão em Cristo de muitas existências, sempre se dedicou a servir ao próximo mesmo quando a vida, por motivos tantos, insistia em afastá-lo do caminho do bem. Somos eternamente gratos ao Senhor poder compartilhar dias de experiência ao lado desse coração, a quem, em diversas oportunidades, confiamos a guarda de quem tanto amamos e que representa para nós o vínculo mais puro de união. Com sua humildade ensinou a todos nós a beleza e a magia de perdoarmos a nós mesmos e esquecermos o passado. Exemplo vivo de bondade e conversão cristã, junto a ele aprendemos os conceitos simples de justiça e renúncia. A este bem-aventurado amigo, tanto eu como Tiago, deixamos esse encômio romano: Ave Esteban, assim como relembramos "*Actus non a nomine sed ab effectu judicatur*" (*Julga-se o ato não pelo nome, mas pelo efeito*), porque o efeito de seu nome é, sem dúvida, o sinônimo de amizade, liberdade e amor. (Nota do Autor Espiritual Ferdinando)

6. O texto que segue foi ditado pelo espírito Ferdinando no livro *Cetros partidos:* "Não poderíamos prescindir a menção desse apontamento. Esse eterno amigo e irmão em Cristo foi brevemente citado nas páginas verídicas do livro *Lanternas do tempo* na roupagem de Eusebius. Respeitando seu pedido, para efeito deste relato utilizaremos o pseudônimo 'Bernard' visando preservar-lhe essa identidade e, sobretudo, sua significativa obra que nesse período de intensa perseguição do 'Santo' Ofício foi o alicerce para que muitos pudessem lutar pela restauração de um movimento cristão baseado nos pilares genuínos e autênticos de amor. Nessas vestes de filósofo, escritor e importante pensador, apoiado, entre outros, por esse grupo de amigos, especialmente Filipe e Yasir, muito contribuiu com um vasto material. Entre eles: a defesa de textos classificados como apócrifos, a imortalidade, a ruptura com o credo de penas eternas, a pluralidade da existência, além da desmitificação de rituais, denúncias sobre os excessos e abusos do poder da Igreja Católica que naquela oportunidade apresentava-se como senhora absoluta da mente

e do coração dos filhos de Deus, caminhando por estradas distantes do objetivo secular deixado por Jesus Cristo, resumido nos dois sábios mandamentos. São eles: 'Amarás ao Senhor teu Deus de todo o teu coração, de toda a tua alma e de todo o teu espírito'. Esse é o maior e o primeiro mandamento. O segundo é semelhante a esse: 'Amarás o teu próximo como a ti mesmo'. Desses dois mandamentos dependem toda a Lei e os Profetas." – Mateus, 22: 37 a 40. (N.M.)

7. Utilizamos nesta obra, especialmente nos textos citados, o termo "espírito" em razão de não encontrarmos uma tradução adequada para as línguas atuais. Então, por definição resolvemos aproveitar o conhecimento espírita desta palavra para facilitarmos o entendimento do leitor. (Nota do Autor Espiritual Tiago)

8. Gálatas, 5: 22. (N.A.E. Ferdinando)

9. As histórias dos ilustres e dedicados médicos Hadi e Josué foram relatadas nos livros *Lágrimas do Sol* e *Cetros partidos*. (N.A.E. Tiago)

10. Salientamos que estes textos foram narrados pelos apóstolos Bartolomeu, Felipe e André quando evangelizaram na região da Índia e da Armênia, onde descrevemos suas origens no livro *Salmos de redenção*. (N.A.E. Ferdinando)
    Sobre o tema "Evangelhos apócrifos" foi publicada no livro *Salmos de redenção*, pela editora Lachâtre a seguinte nota: "... Uma grande quantidade de 'evangelhos' foi escrita nos dois primeiros séculos do Cristianismo, porém apenas quatro chegaram aos nossos dias como textos universalmente aceitos. Os demais praticamente desapareceram após forte perseguição movida pela corrente, dita 'ortodoxa', que tomou a liderança do movimento cristão na Terra. Nesta passagem, o próprio Cristo chama a atenção para os textos que foram escritos tendo o cerne de seus ensinamentos ("as verdades pelas quais vivi e morri") omitidos por medo das 'leis transitórias e punitivas', talvez numa referência aos evangelhos de Bartolomeu, cujo evangelho encontra-se entre os primitivos manuscritos cristãos encontrados em Nag Hammadi, no Egito, em 1945, o fato de ele se referir à vida no mundo espiritual e à reencarnação. Das palavras do Cristo a Bartolomeu, podemos concluir que o Cristianismo destituído dos conceitos da realidade espiritual e da reencarnação fica irremediavelmente desfigurado." (N.M.)

11. Língua morta. (Nota do Editor)

12. A história dessa personagem, de Maria Alcântara e don Sancho foram relatadas no livro *Lágrimas do Sol*. (N.A.E. Ferdinando)

13. Em razão de naquela oportunidade ainda não existirem os termos *médium* ou *mediunidade*, utilizaremos o termo "mediadora" quando nos referirmos às manifestações mediúnicas desenvolvidas por Cecile. (N.A.E. Tiago)

14. Foram relatadas nas páginas *de Salmos de redenção* a história deste grandioso homem, amigo e irmão eterno. Nathanael "Bar-Tolmai filho (Bar) de Tolomeu" (Tholmal ou Talmai) que nasceu em Canaá, mais tarde foi conhecido pelo nome de Bartolomeu, apóstolo de Jesus Cristo citado em João, 1: 45 a 51, texto transcrito naquela oportunidade. (N.A.E. Ferdinando)

15. "*Thalkamarimath*": utilizado para sugerir alegria ou bênção. (N.A.E. Ferdinando)

16. Utilizamos a palavra reencarnação por não encontrarmos uma tradução exata da palavra utilizada por Jesus naquela oportunidade, não invalidando seu significado e relevância. (N.A.E. Ferdinando)

17. A história desse personagem foi relatada nos livros *Lágrimas do Sol* e *Cetros partidos*. Victor Gonzalez foi um homem de tez clara, barba rasa, cabelos lisos e olhos negros que demonstravam em olhar o fogo da vaidade e da sedução. (N.M.)

18. Cabe-nos ressaltar que o amigo indiano Inarus teve seu registro nas páginas do livro *Cetros partidos*. Em curta convivência ao lado de Filipe, por meio das linhas da experiência e da compreensão, transformou-se em mais que seu amigo, em irmão solidário, que trilhava os mesmos sofridos e misteriosos caminhos que a vida deles lhes havia imposto no passado. (N.A.E. Ferdinando)

19. Diego foi filho de Catarina e Yasir. Egoísta, seguiu para o Sul para dedicar-se ao sacerdócio somente com a intenção de defender seus interesses pessoais. (N.M.)

20. Romanos, 12: 16. (N.A.E. Ferdinando)

21. Romanos, 14: 7-8. (N.A.E. Ferdinando)

22. Este texto, intitulado "Derradeiros momentos de Bartolomeu em diálogo com Jesus", não possuía datas precisas de sua escrita. Pelo conjunto de todos os manuscritos com os quais trabalhamos para elaborar esta obra e auxiliados por nobres confrades do mundo meu, conhecedores profundos do Cristianismo primitivo, datamos aproximadamente do século 1 d.C. Respeitamos a autenticidade preservando até mesmo os pontos nos quais os textos foram perdidos devido ao tempo. Esses manuscritos circularam pelo Oriente e pela Europa, quando os apóstolos Bartolomeu, Filipe e André passaram por estas regiões. (N.A.E. Ferdinando)

23. Kathiath: "Meu Senhor". (N.A.E. Ferdinando) (N.M.)

24. A primeira edição original deste texto foi encontrada por volta do ano 300 d.C. na região da Índia por um grupo de cristãos que evangelizaram aquelas paragens. Para esta história, salientamos que traduzimos essas linhas do mesmo original aqui citado valendo-se da preservação de sua autenticidade. (N.A.E. Ferdinando)

25. Visando mantermos a coerência com o livro *Salmos de redenção* e atendermos ao pedido particular desta amiga eterna, atribuiremos o nome de Ruth à esposa do apóstolo Bartolomeu. (N.A.E. Ferdinando)

26. Este texto teve sua origem, de acordo com os registros de seu original no ano 3 d.C. e foi distribuído pela região da Babilônia, Egito, Alexandria, ou seja, as extensões das terras de Dario. (N.A.E. Ferdinando)

27. Este texto teve sua origem de acordo com os registros de seu original no ano 1 d.C., assim como sua autoria está atribuída ao apóstolo Bartolomeu quando foi preso e sentenciado, de acordo com a história narrada no livro *Salmos de redenção*. (N.A.E. Ferdinando)

28. Rabboni: "Filho de Deus Onipotente". (N.A.E. Ferdinando)

29. Visando respeitar e preservar as individualidades envolvidas nestas histórias verídicas, para efeito destas páginas, chamaremos de "*Reclusión de la Virgem de la Compasión*" um convento situado nas cercanias de Barcelona. (N.A.E. Ferdinando)

30. Chamaremos de "*Enciero de lo Arrepentimiento*" (Retiro do Arrependimento) o cárcere situado nas proximidades de Valência, utilizado pelo tribunal da Santa Inquisição daquela região onde os hereges eram submetidos à fria tortura. (N.A.E. Ferdinando)

31. Este texto foi traduzido do original datado do ano 1 d.C. e sua autoria foi atribuída ao apóstolo André. Foi distribuído pela região do Oriente. (N.A.E. Ferdinando)

32. Refere-se à "peste". (N.A.E. Tiago)

33. Conforme esclarecimentos fornecidos pelos autores espirituais, este procedimento era muito comum nas prisões inquisitórias para que os presos, mesmo aqueles que eram inocentes, confessassem suas culpas. O procedimento se resumia em, após os presos receberem torturas, serem amarrados pelos braços e tornozelos nas paredes permanecendo suspensos do chão, simbolizando um tipo de crucificação, em que as dores musculares e o romper dos ossos eram insuportáveis. (N.M.)

34. João, 18: 36. (N.A.E. Ferdinando)

35. Esta página foi traduzida de uma cópia do original escrito pelos seguidores de Bartolomeu no ano 1 d.C. Ele foi copiado por muitos povos e este material que nos serve de fonte possui características em hebraico, apesar de ter sido distribuído pela região do Oriente e remotas aldeias libanesas as quais a língua nativa era o aramaico. Devido à grande abundância de termos cotidianos usados nesta escrita, realizamos uma tradução tentando preservar ao máximo sua originalidade, mas utilizamos os termos em língua portuguesa mais próximos do entendimento na atualidade, o que não invalida sua autenticidade. (N.A.E. Ferdinando)

36. Por motivos muito especiais, atendendo ao pedido de minha irmã em Cristo, Raquel, e com as devidas autorizações celestiais a mim concedidas e dos confrades que dividem esta obra comigo, selecionamos este texto o qual não seria relatado neste compêndio. O objetivo de Raquel foi registrar que o Senhor jamais relega ao esquecimento aqueles que trabalham em seu nome na Terra. Mesmo que as tormentas ou a fúria recaiam sobre estes filhos de Deus e que a travessia pela vida seja banhada de sofrimentos, dificuldades e solidões, sempre, sempre no invisível o

amor será uma verdade inquestionável e real, mesmo quando estejamos separados temporariamente pela matéria. Com Jesus e por Jesus toda lágrima derramada em seu nome é um bálsamo que renova as esperanças; portanto, relembramos que: "*Bem-aventurados os que choram, porque eles serão consolados*"; (Mateus, 5: 4) e "*Bem-aventurados sois vós, quando vos injuriarem e perseguirem e, mentindo, disserem todo o mal contra vós por minha causa.*" (Mateus, 5: 11). (N.A.E. Ferdinando)
As personagens Helena e Raquel tiveram suas histórias relatadas no livro *Salmos de redenção*, assim como a filha citada por Jesus neste texto, refere-se à jovem Cassia Flavia Helena Varro, também conhecida como Éster, onde sua história igualmente foi registrada nas páginas do mesmo livro mencionado. (N.M.)

37. Palavra aramaica que significa "messias". (N.A.E. Ferdinando)

38. Página datada do século 1 d.C., reproduzida pelos seguidores do apóstolo Bartolomeu e difundida na região da Armênia. (N.A.E. Ferdinando)

39. De todos os textos que traduzimos esta página, datada do século 1 d.C., foi a mais especial no sentido de encontrarmos os termos adequados para não modificarmos sua essência, por esta razão decidimos, para esta obra, declarar somente esta parte. O texto integral foi distribuído massivamente na região da Índia pelo apóstolo André. (N.A.E. Ferdinando)

40. As primeiras notícias sobre Jerez vem do século 1 a.C., quando um geógrafo grego escreveu que as vinhas foram implantadas na região por volta de 1100 a.C. pelos fenícios. Essa versão foi confirmada por outro historiador romano, Rufo Festo Avieno, no século 4 d.C. Recentemente, foram encontrados dois lugares com antiguidade presumida do século 7 a.C., o que prova que o Jerez fenício foi, no mínimo, contemporâneo de Cartago.
Seguiram-se à ocupação grega, com seu refinamento sensorial, a cartaginesa, e em seguida a romana, que intensificou o tráfego dos produtos agrícolas na região, em especial o azeite, o vinho e o garum (molho de peixe azedo). A dominação romana durou de 133 a.C. até 409 d.C., e deram à cidade os nomes de Ceret e Ceritum.
Após a queda do Império Romano, a região foi invadida pelos vândalos, que lhe deram o nome de Andaluzia. A ocupação visigoda não acrescentou muito à cultura vinícola, e deram à cidade o nome de Seretium. No ano

711 perderam a posse da região para os árabes no Pago de La Ina, que significa "agora", que rebatizaram a região com o nome de Scherish.
A palavra Jerez deriva do latim *xerez*, que, por sua vez, provém do árabe *scherish*.
Inicialmente, na ocupação árabe, o consumo de Jerez se manteve sem problemas apesar da proibição do Corão. Porém, em 966, o Califa Alhaken decide arrancar todo o vinhedo jerezano. Alegando que as uvas poderiam ser transformadas em passas para alimentar os guerreiros, a população local conseguiu que a pena só se aplicasse a um terço dos vinhedos. A dominação árabe foi importante para a formação cultural da região, cujos habitantes atuais herdaram os monumentos, a música popular, os costumes, o caráter e a marca da idiossincrasia do povo jerezano.
Em 1264 Afonso X, "O Sábio", retoma a região para o Cristianismo, dando grande impulso ao seu vinho. Nessa época, o vinho já era comercializado com a Inglaterra, com o nome árabe da cidade, "Sherish". No ano de 1150, o geógrafo árabe Al Idris desenhou a região de produção, cujo mapa encontra-se atualmente na Inglaterra. Jerez de La Frontera se chamou assim por sua situação entre as zonas cristã e muçulmana."
(texto extraído do *site*: http://www.abs-sp.com.br/conteudo/page_cont_69.asp – Acessado em 24 de junho de 2007). (N.M.)

41. Para essa história, respeitando o pedido de muitos amigos, chamaremos esse personagem de Armando de Segóvia o qual, naquela ocasião, foi um vil inquisidor atuante em Barcelona. (N.A.E. Tiago)

42. Operário que calça as ruas com pedras justapostas; empedrador. (N.E.)

43. Utilizamos a expressão "Revolta dos Calceteiros" objetivando traçarmos um perfil dos homens comuns que trabalhavam com pedras na construção de ruas, castelos e moradias, os quais estavam envolvidos naquela rebelião que se estendeu pela região da Catalunha. Portanto, será pouco provável encontrarmos nas páginas da história atual, documentos comprobatórios que sustentem esses fatos, assim como tantos outros dessa natureza, por terem sido completamente abafados e apagados dos registros da humanidade por meio da força política, militar e religiosa que operavam naquela oportunidade. (N.A.E. Tiago)

44. Este texto integral é datado do século 1 d.C. entre as páginas do Velho Testamento e foi massivamente distribuído na região da Europa e parte

do Oriente pelos seguidores de Bartolomeu, tendo sua maior expansão em se referindo à distribuição e à aceitação na região da Palestina com o auxílio de Pedro (apóstolo). (N.A.E. Ferdinando)

45. Esta nota foi publicada no livro *Cetros partidos*. Segundo informações do autor espiritual Tiago, refere-se a uma principal via de Barcelona a qual concluímos ser a chamada Ramblas. "Em árabe, *ramblas* significa 'leito do rio'. É a via mais agitada de Barcelona. Las Ramblas nasce na praça da Catalunha, corta o bairro Gótico e desemboca no antigo porto (Port Vell – Porto Velho)..." (Texto extraído do *site*: http://www.wallstreet.hpg.ig.com.br/barnapasseios.htm – Acessado em 28 de janeiro de 2005). (N.M.)

46. Devido à "Revolta dos Calceteiros", a construção desta igreja não foi concluída e suas estruturas inacabadas foram suplantadas por ordens do papado como parte da estratégia de apagar da história quaisquer linhas que remetessem a este movimento rebelde. (N.A.E. Ferdinando)

47. Este texto foi traduzido do original datado do ano 1 d.C. Sua autoria foi atribuída ao apóstolo Bartolomeu e foi distribuído pela região do Oriente. (N.A.E. Ferdinando)

48. A história dessa personagem foi relatada nos livros *Lágrimas do Sol* e *Cetros partidos*. (N.A.E. Ferdinando)

49. Este texto refere-se à passagem do apóstolo Bartolomeu na região da Armênia quando dias antes de sua morte falou com o rei Polímio e sua esposa. (N.A.E. Ferdinando)

    A história citado pelo autor espiritual foi relatada no livro "*Salmos de Redenção*" de sua autoria. (N.M.)

50. Para esta história, respeitando o pedido de muitos amigos, chamaremos esse personagem de Miguel Villanueva o qual naquela ocasião, era um inquisidor atuante, influente e impiedoso, muito conhecido em toda a região de Espanha. (N.A.E. Tiago)

51. Este texto, datado do século 1 d.C., foi um dos transcritos do apóstolo André quando ele esteve evangelizando na região da Índia. (N.A.E. Ferdinando)
    A história citado pelo autor espiritual foi relatada no livro *Salmos de redenção* de sua autoria. (N.M.)

52. Página datada do século 1 d.C., reproduzimos em sua íntegra preservando ao máximo as palavras de Jesus ao apóstolo do coração Bartolomeu que recebeu a brilhante missão de difundir os conceitos que, na atualidade, serviram de base ao "Espiritismo cristão". Foi distribuído pelas regiões do Oriente e Ocidente, abrangendo a Europa como um todo. (N.A.E. Ferdinando)

53. Antes de iniciarmos este capítulo, eu gostaria de expressar nosso respeito aos ciganos e à sua cultura de muitos anos. Todavia, salientamos que nosso propósito não se reserva em detalhar seus costumes, pois sabemos que os registros desse povo já foram devidamente declarados ao longo da história. Salientamos aqui a grande importância que esses filhos de Deus tiveram naquela oportunidade, fazendo com que os textos chegassem ao Oriente em segurança e também permitindo que o Cristianismo fizesse parte de suas crenças. (N.A.E. Ferdinando)

54. Este original é datado do ano 1 d.C. sob autoria de Bartolomeu apóstolo. Ao referenciarmo-nos aqui ao termo Emanuel, não nos referimos ao significado católico "Deus conosco", mas sim conforme profetizado em Isaías e escrito em Mateus dando sua confirmação. (Nota do Autor Espiritual Bernard)

55. Isaías, 7-14 e 8-8. (N.A.E. Ferdinando)

56. Mateus, 1-23. (N.A.E. Ferdinando)

57. Esta tradução refere-se à antiga palavra Bab-Ilu (Porta de Deus), isto é, cidade de Babilônia. (N.A.E. Bernard)

58. Aqui o contexto final desta tradução refere-se à missão dos médiuns atualmente estudados dentro da Doutrina Espírita, codificada pelo francês cujo codinome é Allan Kardec. (N.A.E. Bernard)

59. Visando respeitarmos os leitores e não trazermos infortúnios à leitura desta passagem, assim como, àquelas relacionadas aos confrontos entre os militares e os "rebeldes", seremos breves e suavizaremos as descrições desses tipos de operações e algumas ações que suscitam a violência. (N.A.E. Tiago)

60. Este original está datado do ano 1 d.C e sua autoria foi atribuída a André apóstolo. (N.A.E. Bernard)

61. Daniel, 7: 1-28 e 8: 1-27. (N.A.E. Ferdinando)

62. Este original está datado do ano 1 d.C. e sua autoria foi atribuída a André apóstolo. (N.A.E. Bernard)

63. Este texto teve sua origem, de acordo com os registros de seu original, no ano de 59 d.C. e sua autoria está atribuída ao apóstolo Bartolomeu quando, em viagem para a Índia, evangelizou os indianos. Essa história foi narrada no livro *Salmos de redenção.* (N.A.E. Ferdinando)

64. Mateus, 7: 6. (N.A.E. Ferdinando)

65. Muitos textos foram selecionados para compor esta obra. Entretanto, escolhemos esta página de Tomé, datada do século 1 d.C., em razão de sua expressão profunda sobre a continuidade do Cristianismo. Foi distribuído massivamente na região do Oriente, especialmente na Índia e Armênia, por aqueles seguidores do apóstolo Bartolomeu após sua morte. (N.A.E. Ferdinando)

66. Muitos dos personagens citados nesta obra tiveram suas histórias marcantes registradas no livro *Lanternas do tempo.* (N.A.E. Ferdinando, Tiago e Bernard)

67. "O termo 'apócrifo' designava antigamente os livros que eram destinados a um círculo particular de leitores, aos iniciados em alguma corrente de pensamento, mais ou menos como os livros *sibilinos* e o *jus pontificum* ("direito dos pontífices") entre os romanos. Posteriormente, os cristãos o usaram para designar escritos suspeitos de heresia e não de acordo com o ensinamento oficial e, por isso, em geral pouco recomendável – melhor, que deviam ser excluídos não só da leitura litúrgica, mas também das mãos dos fiéis." – extraído do livro *Evangelhos apócrifos.* Luigi Moraldi. São Paulo: Paulus, 3ª edição, 1999. (N.M.)

68. Conforme informações do autor espiritual Ferdinando e nota publicada no livro *Salmos de redenção*, Bartolomeu era carinhosamente conhecido pelos seus companheiros de jornada como "apóstolo do coração". Tratamento esse utilizado intimamente somente em seu meio e não divulgado à história. (N.M.)

Bibliografia recomendada

Para aqueles que desejarem prosseguir no estudo do tema deste livro, sugerimos a seguinte bibliografia:

BAIGENT, Michael. *Os manuscritos de Jesus*. Trad. Regina Lyra. Nova Fronteira, 2006.

BAIGENT, Michael e LEIGH, Richard. *As intrigas em torno dos manuscritos do mar Morto*. Trad. Laura Rumchinsky. Imago, 1994, 2ª edição.

LAPERROUSAZ, E. M. *Os manuscritos do mar Morto*. Trad. Maria Stela Gonçalves e Adail Ubirajara Sobral. Cultrix, 1961.

MIRANDA, Hermínio C. *Os cátaros e a heresia católica*. Lachâtre, 2002.

MIRANDA, Hermínio C. *O evangelho gnóstico de Tomé*. Lachâtre, 1995.

MORALDI, Luigi. *Evangelhos apócrifos*. Paulus, 1996, 3ª edição.

SHANKS, Hershel. *Para compreender os manuscritos do mar Morto*. Trad. Laura Rumchinsky. Imago, 1992.

Allan Kardec

O Evangelho Segundo o Espiritismo

O livro espírita mais vendido agora disponível em moderna tradução: linguagem acessível a todos, leitura fácil e agradável, notas explicativas.

Disponível em três versões:
- **Brochura** (edição normal)
- **Espiral** (prático, facilita seu estudo)
- **Bolso** (fácil de carregar)

O Livro dos Espíritos

Agora, estudar o Espiritismo ficou muito mais fácil. Nova e moderna tradução, linguagem simples e atualizada, fácil leitura, notas explicativas.

Disponível em três versões:
- **Brochura** (edição normal)
- **Espiral** (prático, facilita seu estudo)
- **Bolso** (fácil de carregar)

O Livro dos Médiuns

Guia indispensável para entender os fenômenos mediúnicos, sua prática e desenvolvimento, tradução atualizada. Explicações racionais, fácil entendimento, estudo detalhado.

Disponível em duas versões:
- **Brochura** (edição normal)
- **Espiral** (prático, facilita seu estudo)

Coletânea de Preces Espíritas

Verdadeiro manual da prece. Orações para todas as ocasiões: para pedir, louvar e agradecer a Deus. Incluindo explicações e orientações espirituais.

- **Edição de Bolso**

Leia e recomende!
À venda nas boas livrarias espíritas e não-espíritas.

Romances de Antônio Carlos

Psicografados por Vera Lúcia Marinzeck de Carvalho

A gruta das orquídeas
Prepare-se para desvendar o mistério da gruta das orquídeas! Nico é um rico fazendeiro ameaçado por um grupo suspeito de praticar magia negra. Preocupado com o neto, contrata um detetive para descobrir quem são os culpados dos crimes ocorridos na cidade.

Por que comigo?
O primeiro filho de Mário acaba de nascer. É um lindo menino. Instantes depois, Mário sente o mundo desabar sobre sua cabeça: "Por que meu filho nasceu assim?". Será que Lúcia e Mário, que se amam tanto, serão capazes de vencer juntos essa prova tão difícil?

O jardim das rosas
Até que ponto uma paixão desvairada nos leva a cometer atos impensados? Helena foi o grande amor de Luís – filho de um rico fazendeiro que a desejou com todas as forças de sua alma. Anos depois, desencarnados, eles finalmente entendem o que aconteceu e se preparam para recomeçar...

Aqueles que amam
Acompanhe a trajetória de duas famílias de imigrantes que vêm para o Brasil colônia em busca de uma vida melhor. Conheça a vida na fazenda, a luta contra a escravidão e o encontro de velhos inimigos de vidas passadas.

Novamente juntos
O que há por trás de encontros inusitados, de almas que de repente se encontram, se apaixonam e decidem compartilhar sonhos, alegrias e desventuras? Um livro surpreendente, para quem gosta de um belo romance.

Leia e recomende!
À venda nas livrarias espíritas e não-espíritas

Livros de José Carlos De Lucca

Vale a pena amar

Trata-se da primeira incursão de José Carlos De Lucca pela crônica, gênero literário tão do agrado do leitor: histórias curtas, experiências vividas pelo escritor e episódios marcantes. Livro que ilumina o caminho do leitor que deseja alcançar a verdadeira felicidade.

Força espiritual

Todos nós merecemos ser felizes! E o primeiro passo para isso é descobrir por que estamos sofrendo. Neste livro encontramos sugestões práticas para despertar a força espiritual que necessitamos para enfrentar e vencer nossas dificuldades, transformando nosso destino.

Atitudes para vencer

O sucesso depende de nossas atitudes! Neste livro, José Carlos De Lucca, o autor do *best-seller Sem medo de ser feliz*, mais de 90 mil exemplares vendidos, analisa e exemplifica atitudes que nos ajudam a vencer. Acredite: tudo pode ser muito melhor do que você imagina!

Olho mágico

Até onde seus olhos alcançam? Será que é realidade o que está vendo? Veja as oportunidades que estão à sua frente! A alegria e a paz estão ao seu alcance como nunca viu. Essa é a proposta de *Olho mágico*. Descubra que, a partir de uma nova perspectiva, tudo pode mudar!

Leia e recomende!
À venda nas livrarias espíritas e não-espíritas

Livros de Eurípedes Kühl

Livros que informam, esclarecem, emocionam e proporcionam momentos de paz!

150 anos de Allan Kardec

Facilita o entendimento do Espiritismo. Eurípedes Kühl – médium, pesquisador, escritor e palestrante requisitado – resume e comenta *O Livro dos Espíritos*, de Allan Kardec, demonstrando a atualidade dessa Obra Básica.

Três arco-íris
Romance do Espírito Josué

Juventino acredita que está encarnado e Enedine, um espírito benfeitor, o ajuda a recuperar-se. Ao apaixonar-se por ela, ele vai reviver o passado...

Saara: palco de redenção
Romance do Espírito Claudinei

Nas areias do deserto do Saara, o encontro de almas divididas por crenças religiosas. Enfrentando-se em lutas que se prolongam muito além da vida material, sofrem o terrível calor, a sede, a falta de recursos e a ferocidade de espíritos que desconhecem o bem.

Animais, nossos irmãos

Animais têm alma? Eles reencarnam? Eles têm carma? E emoções? Essas e muitas outras questões você encontrará neste livro.

Infidelidade e perdão
Romance do Espírito Josué

Infidelidade: a vida implode em alicerces de paixões, deixando os envolvidos em escombros. Um alerta do Espiritismo para aqueles que se deixam levar pelas aparências.

Sempre há uma esperança
Romance do Espírito Roboels

Karen quer subir na vida a qualquer custo, nem que para isso tenha de pisar em outros. Um romance esclarecedor!

petit

Se você quiser conhecer todos os nossos títulos, e se interessar em receber um catálogo, sem compromisso, envie seus dados para Caixa Postal: 67545 – Ag. Almeida Lima – CEP 03102-970 – São Paulo – SP ou se preferir via e-mail: petit@petit.com.br